Angela Overy

SEX im Garten

Die raffinierten Verführungskünste der Pflanzen

Mosaik

Die Originalausgabe erschien 1997 unter dem Titel
SEX IN YOUR GARDEN
im Verlag Fulcrum Publishing, Golden, Colorado/USA

Alle Illustrationen und Fotos, wenn nicht anders auf Seite 118 angegeben,
von Angela Overy
Buchdesign von Angela Overy

Aus dem Amerikanischen übersetzt von Karin Greiner und Angelika Weber

 / 5 4 3 2 1
Redaktion der deutschen Ausgabe: Siegrid Kroeber
Satz: Filmsatz Schröter GmbH, München
Druck und Bindung: Alcione, Trento
Printed in Italy

ISBN 3-576-11417-3

Für alle Overys auf der Welt

Oben: Wiese aus Islandmohn
Seite 1: Lilie

INHALT

1 HABEN PFLANZEN SEX?

Gärtnern macht Spaß. Beim Heranziehen von Pflanzen spürt man den Rhythmus des Lebens, beim Erschnuppern von Blütendüften den Atem der Natur. Die bittere Süße und Traurigkeit im Herbst, die überschäumende Freude, wenn im Frühling wieder frisches Grün aus der Erde sprießt, die Frustration über Wetterkapriolen und Pflanzennamen, die schwer zu merken sind – all diese Dinge sind dem Hobbygärtner wohl vertraut. Beim Eintauchen in tiefere Sphären des Pflanzenlebens lassen sich jedoch noch Freuden der besonderen Art genießen, die zwar von Wissenschaftlern lange erforscht, im allgemeinen aber eher unbemerkt geblieben sind. Was viele vielleicht nur für ein Gerücht hielten, ist die Tatsache, dass auch Pflanzen ein Liebesleben haben und sich ihr Werben um einen Sexualpartner durchaus mit dem der Menschen vergleichen lässt.

Auch Pflanzen leben in einer Welt, in der man sich durch besondere Attraktivität aus der Menge herausheben muss, um andere auf sich aufmerksam zu machen, und Konkurrenten einem die Interessenten durch freies Parken oder Kostproben abwerben. Oder verwerfliche Zeitgenossen verlocken die Partner unter Vorspiegelung falscher Tatsachen und bringen sie sogar um die Ecke. Wohnt das Ziel der Begierde zwar gegenüber, eine direkte Kontaktaufnahme scheidet aber aus, dann bedient man sich einer Mittelsperson. Und was, wenn man unter allen Umständen Kinder haben will, geeignete Partner aber nicht verfügbar sind? Als letzter Ausweg bliebe nur eine Selbstbefruchtung. Und angenommen, man wäre zunächst männlich bzw. weiblich und würde dann das Geschlecht wechseln? Dies alles mag zwar nach Sensationsmache aus der Boulevardpresse klingen, doch es passiert jeden Tag, nämlich beim Sex der Pflanzen im Garten.

Pflanzen können zwar nicht denken wie wir, aber ihre Geschlechtsorgane kann man in gewisser Weise mit unseren vergleichen. Im Gegensatz zu den meisten Menschen halten sie sich auch nicht an ethische Grundsätze. Bestechung, Verrat und Hinterlist sind übliche Hilfsmittel, um sich erfolgreich zu vermehren. Während es für uns die unterschiedlichsten Varianten gibt, um Erfüllung beim Sex zu finden oder sich der Nachwelt mit anderen Dingen in Erinnerung zu halten, haben Pflanzen nur ein Ziel: Samen zu produzieren, aus denen die nächste Generation heranwachsen kann.

Da Pflanzen gemeinhin im Boden verwurzelt sind, können sie sich nicht wie Menschen und Tiere ihre Liebespartner aussuchen und mit ihnen zusammenkommen. Sie sind bei der Fortpflanzung stets auf fremde Dienste angewiesen und brauchen einen Komplizen, der den männlichen Pollen der einen Blüte zum weiblichen Teil einer anderen transportiert.

Menschen wie Tiere verwenden eine Menge Energie darauf, um einen Partner für sich zu gewinnen.

Alle Anstrengungen blühender Pflanzen zielen darauf ab, um einen solchen Mittler zu buhlen, der dann das Überleben sichert und die Bestäubung übernimmt. Mittels Futter, Schutz oder anderen Anreizen werden diese angelockt und mit männlichem Blütenstaub beladen, um dann eine andere Blüte zu besuchen. Da dies eine ziemlich aufwendige und komplizierte Angelegenheit ist, verzichten manche Pflanzen lieber auf jegliche Werbung und vertrauen auf den Wind als Transporteur. Andere dagegen haben höchst raffinierte Methoden entwickelt, um ganz bestimmte Insekten, Vögel oder auch Säugetiere zu freien.

Um sich an die unzähligen Bestäuber – von der gemeinen Schnecke bis hin zum außergewöhnlichen Käfer – anzupassen, hat sich das sexuelle Leben der Pflanzen über die Zeit ungeheuer variantenreich entwickelt. Aus eben diesem Grund gibt es eine Vielfalt an Blüten in den unterschiedlichsten Farben, Größen und Formen, verströmen Blumen Düfte in allen möglichen Noten und öffnen sich zu den verschiedenen Jahres- und Tageszeiten. Die Pracht blühender Beete und der Facettenreichtum des Gartens ist also eigentlich dem ausschweifenden Liebesleben der Pflanzen zu verdanken, das voller Wollust und Sinnlichkeit zu stecken scheint.

Natürliche Auslese

Die Fortpflanzungsorgane einer Kiefer werden vom Wind bestäubt.

Farne wie dieser Baumfarn aus Neuseeland pflanzen sich mit Hilfe von Wind und Wasser fort.

Blüten sind eine moderne Erfindung. Fossile Funde zeigen, dass es vor 250 Millionen Jahren zwar viele Pflanzen gab, aber keine Blumen. Altertümliche Pflanzen wie Farne und Kiefern vermehrten sich mit Hilfe von Wind und Wasser, wie auch heute noch ihre Nachfahren. Gewächse, die ihre Sexualorgane und Samen offen tragen und keine auffälligen Blüten zeigen, wie es z. B. bei den zapfentragenden Nadelgehölzen der Fall ist, nennt man botanisch Gymnospermen, zu deutsch Nacktsamer. Erst allmählich bildete sich eine neue Pflanzengruppe aus: die Angiospermen oder Bedecktsamer entwickelten sich. In Gang gekommen ist dieser Prozess möglicherweise, indem aus Blättern klebriger Saft herausgesickert ist, den Insekten schmackhaft fanden. Es entstanden Blattbüschel rund um die Geschlechtsorgane, die durch Färbung und Nahrungsangebot gezielt Insekten anlockten. Dies waren die ersten Blüten, meist aus einfachen, schalenförmig angeordneten Blütenblättern. Die männlichen Organe ragten heraus, die weiblichen wie auch die Samen blieben zum Schutz vor Witterung und Fraß in ihnen verborgen. Bisweilen krabbelten Käfer hungrig über diese Pflanzen, knabberten an ihnen und übertrugen dabei zufällig männlichen Pollen zu weiblichen Organen, während frühzeitliche Bienen und Wespen zur Futtersuche zu den Blüten flogen. Durch die Tiere wurde der sexuelle Transfer zuverlässiger als durch Wind und Wasser.

Die blütenbildenden Angiospermen teilten sich durch beständige Anpassung an neue Insekten mit der Zeit in tausende Varianten auf. Gleichzeitig verließen sich fliegende Insekten wie Bienen, Schmetterlinge und Motten auf das Nahrungsangebot der Blüten und spezialisierten sich, indem sie z. B. besonders lange Zungen für tiefe Blütenschlunde entwickelten und ihren Entwicklungszyklus an den der entsprechenden Pflanzen anpassten, ohne dass sie sich ihrer sexuellen Attraktivität bewusst geworden wären. Die gegenseitige Abhängigkeit von Pflanzen und Insekten verstärkte sich derart, dass keiner ohne den anderen leben kann.

Magnolien sind altertümliche Blütenpflanzen, die bis heute überlebt haben und noch immer von Käfern bestäubt werden.

Querschnitt durch eine Blüte

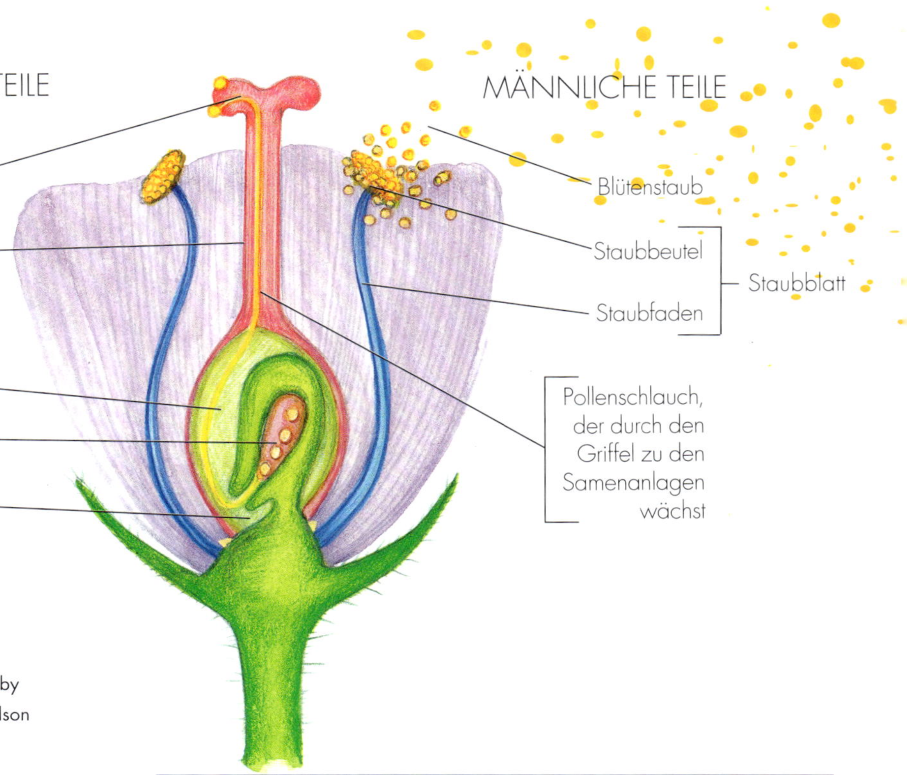

Die Geschlechtsteile einer Fuchsie hängen für alle Welt sichtbar heraus.

Illustration by Shirley Nelson

Geschlechtsorgane

Die geschlechtlichen Teile einer Blüte sind denen unserer Körper gar nicht so unähnlich. Männliche Spermazellen müssen auf ein weibliches Empfängerorgan übertragen werden, damit eine Befruchtung stattfinden kann. Männliche Organe und weibliche Öffnungen bleiben leicht zugänglich, Eierstöcke bzw. Fruchtknoten jedoch verborgen. In ihnen werden die Nachkommen ernährt, bis diese gereift sind. Während sich die Geschlechtsteile der Menschen überall auf der Welt gleichen, zeigen die der Pflanzen eine erstaunliche Formenvielfalt. Hier folgen die wesentlichen, wobei botanisch versierte Fachleute die manchmal laienhafte Beschreibung verzeihen mögen.

MÄNNLICHE TEILE

STAUBBLÄTTER sind die männlichen Teile einer Blüte. Sie stehen meist wie ein Büschel kleiner Halme in der Mitte der Blume. Bei Fuchsien sind die Staubblätter oft so lang, manchmal mehr als 5 cm, dass sie für jeden sichtbar weit aus der Blüte herausragen. Zurückhaltendere Pflanzen haben kurze, teils nur stummelartige Staubblätter, die kaum auffallen, die meisten liegen in der Länge jedoch dazwischen. Sie alle bieten ihren Pollen dar, danach schrumpfen sie ein. Verschiedene Pflanzenfamilien verfügen über dieselbe Anzahl von Staubblättern pro Blüte, z. B. eines bei den meisten Orchideen, fünf bei Glockenblumen- oder sechs bei Liliengewächsen. Rosen- und Mohngewächse besitzen dagegen zahlreiche Staubblätter. Sämtliche oder einige der Staubblätter können steril sein, so etwa beim Bartfaden, dessen Blüten vier fertile und ein steriles Staubblatt enthalten. Fast immer stehen die Staubblätter einzeln, bei einigen Pflanzen sind sie jedoch miteinander zu einem Kragen rund um die weiblichen Teile verwachsen.

Ein Staubblatt besteht aus dem Staubfaden, der den Staubbeutel oder Pollensack trägt. Der Staubbeutel enthält die männlichen »Spermien«, Blütenstaub oder Pollen genannt.

STAUBFÄDEN sind meist schlanke, elastische Stiele, die sich entsprechend dem Wachstum der Blüte strecken und krümmen können.

STAUBBEUTEL stehen am oberen Ende der Staubfäden. Manche sind mit diesem durch ein Gelenk verbunden, so dass sie sich exakt auf den Bestäuber ausrichten können und einen besonders innigen Kontakt sichern. Besonders gut kann man Staubbeutel bei einer großen Lilienblüte betrachten. In der frisch erblühten Lilie zeigen sie sich glatt, später drehen sie ihr Inneres nach außen und geben den Pollen frei. Staubbeutel sind häufig gelb, doch gibt es auch andere Farben, z. B. sind sie bei hellen Pelargonien rosa- oder lilafarben. Größe und Form können stark variieren. Einige öffnen sich wie Erdnüsse, um Blütenstaub auszustreuen, andere sind kugelige Behälter und entlassen den Pollen durch kleine Klappen oder Poren. Und wieder andere schleudern den Pollen durch heftige Drehungen heraus.

Staubgefäße zeigen viele Formen, Größen und Farben.

Pollenkörner

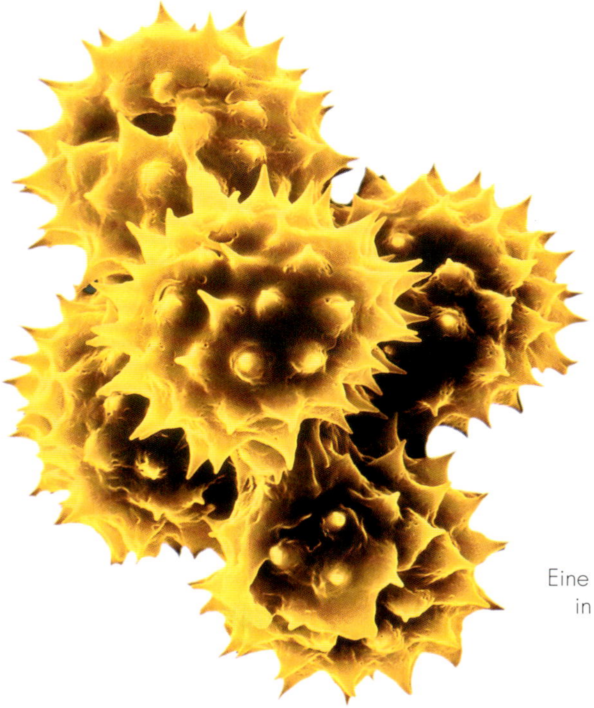

Der Pollen ist das Transportmittel für die männlichen Gene einer Pflanze. Die komplex gestalteten, unabhängigen Einheiten zeigen ein eigenes Leben und sind so winzig, dass sie gewöhnlich wie gelber oder orangefarbener Staub wirken. Die meisten Pflanzen produzieren Pollen in großen Massen. Beim Mais kommen z. B. ungefähr 25 000 Pollenkörnchen auf jedes zu befruchtende Maiskorn. Das klingt vielleicht verschwenderisch, ist es aber gar nicht mehr, wenn man bedenkt, dass beim Menschen je Ejakulation 350 Millionen Spermien freigesetzt werden. Und schließlich kann der Mann kontrollieren, wohin diese gelangen.

Die winzigen Pollenkörner sind sehr widerstandsfähig und für Reisen von nur wenigen Zentimetern bis vielen Kilometern gut vorbereitet. Ihre Hülle schützt den kostbaren Inhalt für Stunden, Wochen oder gar Jahrtausende, bis sie durch die Feuchtigkeit des weiblichen Organs einer anderen Pflanze derselben Spezies aufgeweicht wird. Die Form der Pollenkörner ist bei jeder Pflanzenart verschieden und sogar für die Art charakteristisch, denn sie müssen zuverlässig erkannt werden, exakt zu den weiblichen Empfängerteilen passen und den Anforderungen bestens gewachsen sein.

Eine Auswahl an Pollenkörnern in Vergrößerung – oben von einem Gänseblümchen, unten von einer Iris

Rechts: Hibiskus

Pollen photos by S. Lowry/University of Ulster.

Es deutlich machen …

Reklame für Badeanzüge aus Hawaii:
… besser als nackt

Ariel Skelley

Lee White/Westlight

WEIBLICHE TEILE

Die weiblichen Teile einer Blüte sind leicht zu erkennen, sie stehen stets im Zentrum. Man braucht nur dem Pflanzenstängel aufwärts zu folgen, der unmittelbar zum Fruchtknoten und zuletzt zur Pollen empfangenden Narbe führt.

Der weibliche Geschlechtsapparat, der sog. Stempel einer Blüte, ist ziemlich komplex zusammengesetzt, und allein die Benennung der Teile für einen Laien ziemlich verwirrend. Er besteht gewöhnlich aus mehreren einzelnen Einheiten, den Fruchtblättern.

Narben: die empfangenden Enden

An der Spitze des Stempels befindet sich eine Region besonders aufnahmefähiger Zellen, die Narbe, die oft weit ins Freie hinausragt, um den Pollen aufzufangen. Der Pollen wird dort festgehalten, bis er als passend zur eigenen Art identifiziert ist, und erst dann zum Fruchtknoten weitergeleitet. Narben sind charakteristische Organe und zeigen bei jeder Pflanzenart eine andere Ausprägung. Werden sie nicht gebraucht, bleiben sie meist klein und unscheinbar. Doch sobald die Blüte aufnahmebereit für den Pollen wird, ändert sich ihre Gestalt auf beeindruckende Weise. Bei vielen Pflanzen, darunter Geißblatt und Engelstrompete, wird die Narbe von einem langen Stiel emporgehoben. Dadurch erhöhen sich die Chancen deutlich, den Pollen einzufangen. Die rundlichen Narben einer Lilie oder Petunie beginnen zu glänzen, wenn sie bereit für die Pollenaufnahme sind. Bei einigen Blüten intensiviert sich die Färbung, der Duft wird schwerer und vermehrt verströmt. Die Narben werden feucht und klebrig, als ob sie sich nach Sex sehnten. Manche Veilchen scheiden an ihren Narben eine Flüssigkeit aus, wenn sie von einem Insekt berührt werden, und saugen den abgestreiften Pollen damit ins Innere auf. Andere Narben teilen sich in mehrere Abschnitte auf oder vergrößern die aufnahmefähige Oberfläche mit Härchen, Faltungen oder Runzeln. Bei einigen Krokusarten sind die Narben prächtig gerüscht, beim Hibiskus bestehen sie aus fünf pelzigen Kissen.

Hat der Pollen schließlich die Narbe durchdrungen und beginnt er zu keimen, ist die Bestäubung erfolgreich abgeschlossen. Man könnte nun meinen, dass die Blüte damit ihre Bestimmung erfüllt hat, doch eigentlich hat nur die Hochzeit stattgefunden. Es muss noch viel mehr geschehen, bis Nachkommen entstehen.

Nach dem Entfernen einiger Blütenblätter wird der gesamte Stempel dieser Lilie sichtbar, vom grünen, länglichen Fruchtknoten über den Griffel bis zur rötlichen Narbe an der Spitze.

Griffel und Pollenschläuche

Bei den meisten Pflanzen ist die Narbe durch ein röhrenförmiges Gebilde, den Griffel, mit dem Fruchtknoten verbunden, dem eigentlichen Bestimmungsort der Pollenkörner. Ein oder mehrere Pollenkörner keimen aus und senden einen Pollenschlauch durch den Griffel. Allerdings bewegt sich nicht das gesamte Pollenkorn wie ein Zug in der U-Bahnröhre durch einen vorgefertigten Tunnel. Der überwiegende Teil des Körnchens verbleibt an der Oberfläche der Narbe, nur die männliche Spermazelle wandert hindurch. Wie diese ihren Weg zu den weiblichen Eizellen im Fruchtknoten findet, ist nicht geklärt, immerhin muss sie bei einigen großen Blüten viele Zentimeter zurücklegen. Männliche und weibliche Keimzellen können in diesem Stadium jedoch über chemische Substanzen miteinander kommunizieren. Letztendlich wird aber immer nur die stärkste und wachstumsfähigste männliche Spermazelle alle Hindernisse überwinden und am Ziel ankommen.

Eine Pfingstrosenblüte in verschiedenen Altersstufen: Öffnet sich die Knospe, sind potente Staubgefäße bereit, ihren Pollen auszustreuen. Mit zunehmendem Alter fallen die Staubgefäße und Kronblätter ab, die grünen Fruchtknoten schwellen an.

Fruchtknoten

Im Fruchtknoten findet die Befruchtung der weiblichen Eizellen und die weitere Entwicklung statt. Unreife Fruchtknoten sind unscheinbare, kleine grüne Wiegen in welchen die Babys der Pflanzen beherbergt werden, ihr Schlüssel zur Unsterblichkeit.

Im Inneren befinden sich ein oder mehrere Eizellen, Samenanlagen genannt. Sie sind auf verschiedene Weise in Nährgewebe eingebettet, als ein Beispiel unter vielen hunderten sei die perlschnurartige Aufreihung bei Erbsen erwähnt. Feucht und gut genährt erwarten sie dort die ankommenden Spermazellen. Pro Erbsenkorn, »Samen« oder Samenanlage bedarf es je einem Pollenkorn, damit so komplizierte Vorgänge wie Zellteilung und -verschmelzung stattfinden können und die Befruchtung erfolgreich verläuft. Danach ist die Pflanze »schwanger«, was weitere dramatische Veränderungen einleitet. Die männlichen Blütenteile haben ihre Aufgabe erfüllt, wie die ebenfalls arbeitslos gewordenen Blütenblätter welken sie und fallen ab.

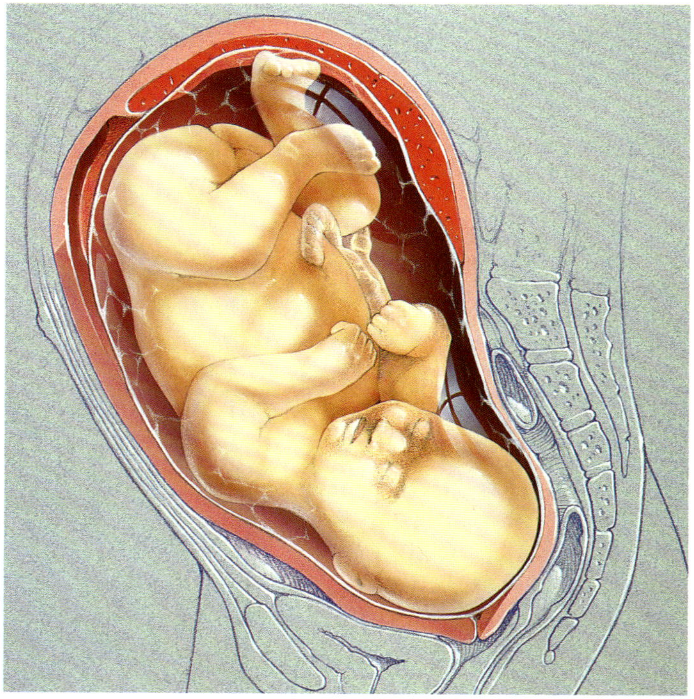

Illustration by Michael Kress-Russick

Oben: Menschlicher Fötus in der Gebärmutter
Unten: Samen in einer Paprika

Samenanlagen

Inzwischen stellt sich der Fruchtknoten völlig auf die weibliche Produktionsphase um. Er schwillt an, indem er Feuchtigkeit und Nährstoffe aufnimmt, die von den Wurzeln geliefert werden, während die befruchteten Eizellen zu Samen und somit zu potentiellen neuen Pflanzen werden, die in einer zähen Schale mit eigenem Nährstoffvorrat verpackt sind. Pflanzen stecken ziemlich viel Energie in die Samenproduktion. Die Samenanlage wird mit jedem Tag dicker und wandelt sich in den wohlbekannten Fruchtstand. Viele finden welke Blüten unattraktiv, schneiden sie ab und führen damit gewissermaßen eine Abtreibung durch. Allerdings lässt sich mit dem Ausputzen abgeblühter Blumen auch neuer Flor erzeugen, denn die Pflanzen werden auf diese Weise angeregt, die verlorenen Samen zu ersetzen, und der Prozess startet erneut. Manche Pflanzen, insbesondere einjährige, die ihren Lebenszyklus innerhalb nur weniger Monate abschließen müssen, treiben über viele Wochen neue Blüten nach, wenn man Abgeblühtes regelmäßig entfernt. Bei ausdauernden Arten entwickeln sich danach oft Schösslinge und Seitenknospen zu blühenden Trieben. Zwiebelpflanzen sind jedoch weniger anpassungsfähig. Nachdem es ohnehin ein oder mehrere Jahre dauert, bis sie blühfähig werden, können sie in derselben Saison kein zweites Mal blühen. Natürlich bleiben viele Blüten auch unbefruchtet und ihre Samenanlagen entwickeln sich nicht weiter. Wie Pollenkörner, die die Staubbeutel niemals verlassen, werden sie überflüssig und abgestoßen.

Manche Blumen wie Enziane haben mehrere Fruchtknoten.

Mohnfruchtknoten reifen im Sonnenschein.

Nest eines amerikanischen Rotkehlchens

Weitere Blütenteile

Rob Proctor

Die Evolution und die damit verbundene Notwendigkeit zu Neuerungen führten dazu, dass Pflanzen in ihren Blüten noch weitere Strukturen entwickelten.

KELCHBLÄTTER – Betrachtet man eine Blüte von außen nach innen, sieht man als erstes gewöhnlich die laubblattähnlichen Kelchblätter. Diese schützen die Knospe, bevor sie erblüht. Behaarte Kelchblätter helfen, plündernde Insekten abzuschrecken und sengende Sonnenstrahlen zu reflektieren. Kelchblätter sind meist grün und wirken wie ein Quirl schmaler Laubblätter rund um die Basis der Blüten.

KRONBLÄTTER – Umhüllt von den Kelchblättern und rund um die Geschlechtsorgane reihen sich in der Regel die Kronblätter. Ihre wichtigste Aufgabe besteht darin, eine markante Werbebotschaft an lebende Pollenträger zu senden. Daneben schützen sie oft die reproduktiven Teile vor Wettereinflüssen und bieten den Pollentransporteuren Schutz. Die verschiedenen Pflanzenarten bilden Kronblätter in unterschiedlicher Anzahl, Farbe, Größe und Form aus, was die Blüten für einen Bestäuber leicht wiedererkennbar macht.

HÜLLBLÄTTER – Tulpen haben wie viele andere Blumen keine grünen, laubblattähnlichen Kelchblätter, sondern farbige Kelch- und Kronblätter, die sich einander sehr ähneln.

DECKBLÄTTER – Pflanzen wie Bougainvilleen und Weihnachtssterne haben büschelig stehende, unscheinbare kleine Blüten, die wohl unbeachtet bleiben würden, wenn nicht jedes Blütchen von farbenfrohen Deckblättern umkränzt wäre. Deckblätter, auch Brakteen genannt, sind als zusätzliche Kronblätter anzusehen, die ein Signal an Insekten oder Vögel aussenden. Ihre Haltbarkeit ist länger als die wächserner Kronblätter, deshalb ergeben Pflanzen mit solchen Deckblättern in der Regel einen lange anhaltenden Blütenschmuck und gelten als besonders beliebte Garten- und Zimmerpflanzen.

Nektarien

An der Basis mancher Kronblätter befinden sich Drüsen, die essbaren, süßen Nektar ausscheiden. Mit ihm werden Bestäuber zum Besuch eingeladen. Manche dieser Nektarien bleiben für den Gärtner kaum auszumachen, sind für kleine Insekten jedoch genau richtig. Andere Blüten produzieren reichlich Nektar, der in tiefen Röhren gesammelt wird und größere Bestäuber nährt. Kapuzinerkresseblüten haben einen Sporn, an dessen schmalem Zugang die Sexualorgane stehen – ein Bestäuber kann nicht zum Nektar gelangen, ohne dass er diese berührt. Die fünf Kronblätter einer Akelei laufen in rückwärts gerichtete Honigsporne aus, die Bienen zum Trinken einladen. Durch mehrere Nektarien werden Insekten oft angehalten, jedes einzelne aufzusuchen. Das erhöht die Wahrscheinlichkeit, dass Blütenstaub gesammelt bzw. abgestreift wird. Häufig sind Nektarien von Haaren, Lippen, Klappen oder Auswüchsen beschirmt, das hilft einem Diebstahl durch unerwünschte Besucher und einer Verwässerung des Nektars durch Regentropfen vorzubeugen.

Oben: Kapuzinerkresse
Unten: Akelei

2 GESCHLECHTSTRIEBE

Das sexuelle Verhalten weckt beim Menschen intensive Erregung und Gefühle. Für Pflanzen ist es bloß eine Sache der Anpassung ans Überleben. Morgens männlich und nachmittags weiblich zu sein, hilft bestimmten Pflanzen bei der Reproduktion. Manche Gewächse brauchen Pollen einer anderen blühenden Pflanze ihrer Art, während wieder andere sich selbst befruchten können. Bei jeder Technik gibt es Vor- und Nachteile.

Wenn sich Pflanzen selbst bestäuben, gelangt männlicher Pollen aus den Staubblättern zufällig oder absichtlich auf die weibliche Narbe derselben Blüte bzw. auf die einer anderen Blüte derselben Pflanze. Bei Gewächsen, die mit sich selbst Sex betreiben, besteht der Vorteil darin, dass die neuen Pflanzen Klone sind. Generationen von Pflanzen gleichen sich, außer es tritt eine spontane Mutation der Gene auf. Ein Klon kann eine gute Sache sein, solange eine Pflanze prächtig gedeiht. Doch falls sich bestimmte Lebensbedingungen wie Klima oder menschliche Pflege ändern und sich die Pflanze nicht daran anpasst, kann sie aussterben.

Findet eine Fremdbestäubung statt, befruchtet also männlicher Pollen der einen Blüte die weiblichen Teile einer anderen Blüte derselben Art, werden die Gene beider Pflanzen gemischt. Es entsteht eine neue, geringfügig veränderte Pflanze. Erweist sich diese als besser angepasst, wird sie sich erfolgreich entwickeln und weiterverbreiten, ist sie jedoch weniger lebenstüchtig, geht sie bald zugrunde. Die meisten Pflanzen sind fremdbestäubt, und die verschiedenartige Anordnung ihrer Geschlechtsorgane und ihre Verhaltensweisen Ausdruck ihrer Bemühungen, eine Fremdbestäubung zu fördern und eine Selbstbestäubung zu verhindern.

Wie man Inzucht vermeidet

Die meisten menschlichen Kulturen untersagen eine Vereinigung zwischen engen Familienmitgliedern, die Vorteile davon sind seit langem bekannt. Durch natürliche Auslese entstanden Pflanzen, die eine Selbstbestäubung zu verhindern suchen, indem sie ihren eigenen Blütenstaub auf andere Pflanzen übertragen. Dafür entwickelten sich im Lauf der Zeit unterschiedliche Blütentypen, wie es die folgenden Beispiele zeigen.

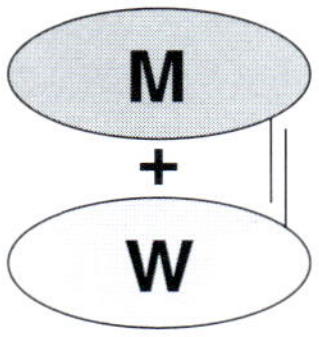

Die Begonie hat eigenständige männliche sowie weibliche Blüten an derselben Pflanze.

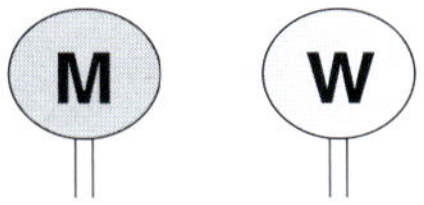

Bei den meisten Stechpalmen stehen männliche Blüten an dem einen, weibliche Blüten an einem anderen Strauch.

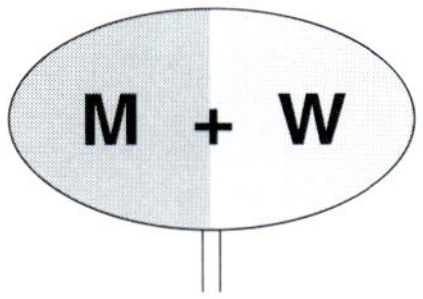

Bei der Jakobslilie stehen männliche und weibliche Organe in jeder Blüte beieinander.

Linke Seite: Aschenblume

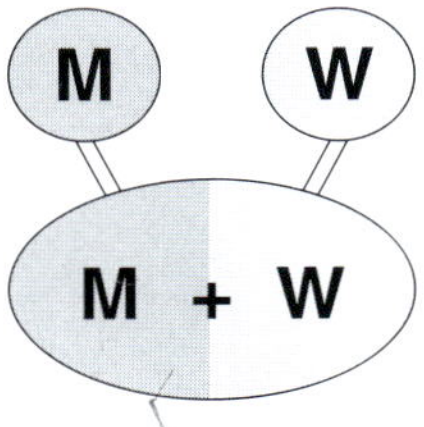

Einige Kürbisarten zeigen ein vielschichtiges Geschlechtsleben. Zunächst tragen sie männliche Blüten, dann weibliche mit sterilen männlichen Staubgefäßen und schließlich auch Blüten mit funktionstüchtigen männlichen wie weiblichen Organen. Bienen sammeln von allen Blütenstaub.

Zwitterblüten

Laut Lexikon ist ein Hermaphrodit ein Mensch oder Tier mit Merkmalen beider Geschlechter. Pflanzen sollten hier eigentlich miteingeschlossen werden. Es gibt mehr Blüten, die sowohl männliche als auch weibliche Teile aufweisen als anderweitige Kombinationen. Das klingt zwar verdächtig, ist aber tatsächlich eine lebensnahe und geschickte Anordnung, für zufriedenstellenden geschlechtlichen Austausch zu sorgen. Arten, deren Blüten am selben Stängel oder sonstwie dicht beieinander an einer Pflanze stehen, haben Wege gefunden, sich vor Inzest zu schützen. Bei einigen öffnen sich die Knospen zu unterschiedlichen Zeiten. Andere Blüten verhindern das Eindringen ihres Blütenstaubs in die eigenen Narben, indem das jeweils dominante Geschlecht zeitlich versetzt wechselt.

DIE MÄNNER ZUERST

Selbstbefruchtung kann umgangen werden, indem die Staubblätter und Stempel einer Blüte zu verschiedenen Zeiten aktiv sind. Bei manchen Pflanzen beginnt die Blüte mit einer jugendlichen männlichen Phase und auffälligen Staubbeuteln, die Pollen ausstreuen, während der weibliche Stempel noch unscheinbar und die Narbe unempfänglich ist. Die Narbe bleibt z. B. klein und im Inneren der Blüte stecken, so dass kein Blütenstaub auf der jungfräulichen Oberfläche landen kann, oder sie ist unerreichbar, indem sich der Griffel zur Seite neigt. Nach ein paar Stunden oder Tagen, in denen der Pollen durch einen Bestäuber verbreitet werden konnte, schaltet die Blüte auf das weibliche Stadium um. Der Stempel streckt sich, bis er die männlichen Teile überragt und so von ankommenden Bestäubern zuerst berührt werden kann, und die Narbe an der Spitze wird empfängnisbereit. Unterdessen werden die männlichen Staubgefäße gewöhnlich inaktiv, welken und beugen sich zur Seite. Zu den Blumen, die zuerst männlich und dann weiblich sind, gehören die meisten Minze-, Bartfaden-, Schlüsselblumen-, Weidenröschen- und Geißblattarten.

Links: Minzeart

Die wechselnde Vorherrschaft der Geschlechter bei einer Inkalilie. Einige Kronblätter wurden weggelassen, damit das Innere deutlicher sichtbar wird. Links: Knospenöffnung in männlichem Stadium. Mitte: Männliches Stadium mit geschlechtsreifen Staubgefäßen. Rechts: Weibliche Phase mit verlängertem Griffel und empfängnisbereiter Narbe.

DIE FRAUEN ZUERST

Andere Pflanzenarten verhalten sich genau umgekehrt: Die Blüten sind für eine Weile bzw. bis zur Bestäubung weiblich, dann übernehmen die männlichen Organe das Regiment. Pflanzen wie Magnolien, Seerosen, Küchenschellen oder Äpfel haben Blüten, die als »Mädchen« erblühen.

VERHINDERUNGSTAKTIKEN

In einigen zwittrigen Blüten ist zwar eigentlich alles zum sofortigen Vollzug bereit, eine Selbstbestäubung wird jedoch durch geschickt angebrachte chemische Barrieren vermieden. Anemonen bieten ein Beispiel für Blumen, die sich nicht einmal dann selbst befruchten können, wenn ihre Narben mit dem eigenen Pollen vollgestäubt sind, weil ihn die weiblichen Griffel chemisch erkennen und nicht zu den Fruchtknoten vordringen lassen.

David Miltz

Andere Blüten verfügen über physikalische Schranken. Viele Gartenblumen tragen ihre empfänglichen Narben an langen Stielen, die männlichen Staubbeutel stehen an kürzeren darunter. Dadurch kann der Pollen auf die Narben derselben Blüte fallen oder darauf abgestreift werden. Bei Rosen umkränzen ungefähr hundert Staubgefäße einen Stempel. Zuerst wird die äußere Reihe der Staubgefäße sexuell aktiv. Sie strecken sich, krümmen sich von der Narbe weg, pudern ihren Pollen auf einen Bestäuber und werden schlaff, bevor die nächsten an die Reihe kommen. Dadurch wird Selbstbestäubung verhindert, obgleich die Organe so nahe beisammen stehen. Manche Pflanzen nehmen es nicht so genau, wie sie schwanger werden, solange es überhaupt geschieht. Wenn bei diesen Blumen die Kronblätter schrumpfen, können sie die männlichen und weiblichen Organe zusammendrücken, um notfalls in letzter Minute eine Selbstbestäubung zu ermöglichen. Sonnenblumen etwa werden in der Regel fremdbestäubt, können sich jedoch bei ungünstiger Witterung, wenn nur wenige Insekten herumfliegen, beim Schließen der Blüten selbst bestäuben.

Links: Die Geschlechter in einer Anemonenblüte können sich nicht mit sich selbst vereinen.
Unten: Christrosenblüten sind zuerst weiblich.

Getrennte Geschlechter

Es gibt Pflanzen, die eigenständige männliche bzw. überwiegend männliche Blüten und nahe daneben rein weibliche bzw. vorherrschend weibliche Blüten tragen. Bei den bekannten Primeln etwa gibt es zwei unterschiedliche Typen. Die überwiegend weiblichen Blumen haben einen langen Griffel, die Narbe ragt durch eine Röhre aus der Blütenmitte heraus. Trotz der kleinen Staubblätter bleibt eine solche Blüte im Wesentlichen weiblich. Im Gegensatz dazu spitzen bei den männlichen Blüten fünf Staubgefäße aus der Blütenröhre hervor, die kurzgriffelige Narbe bleibt tief darin verborgen. Durch diese Anordnung besteht kaum die Gefahr einer Selbstbestäubung.

Andere Pflanzen wie etwa Dattelpalmen gehen die Fortpflanzung wie die meisten Tiere an, und zwar mit selbständigen, entweder männlichen oder weiblichen Exemplaren. Schon in der Antike war bekannt, dass es mindestens zweier Bäume bedarf, um bei Dattelpalmen Früchte ernten zu können. Wahrscheinlich beherrschte man schon vor tausenden von Jahren die Kunst, Pollen von männlichen Dattelpalmen zu sammeln und ihn über weibliche Blüten zu stäuben. Gärtner von heute, die Vögel mit Beeren anlocken wollen, müssen sich ebenso bei einigen Bäumen und Sträuchern über das Geschlecht im Klaren sein.

So mancher Gärtner hält die Sache mit dem Sex wegen ihrer Folgen für so ärgerlich und lästig, dass er nur Bäume eines Geschlechts zieht, die sich nicht fortpflanzen. Von Pappeln, die zahllose weißwollige Früchte in die Luft senden, von Rosskastanien, die ihre schweren Igelfrüchte abwerfen, werden wie von vielen anderen Gehölzen oft sterile oder männliche Exemplare verkauft.

DAS EIGENE GESCHLECHT WÄHLEN

Wodurch wird das Geschlecht einer neuen Pflanze festgelegt, die sowohl männlich wie weiblich werden kann? Vermutlich bestimmt dies manchmal die Umwelt. Sämlinge, die in einer rauen, trockenen Umgebung aufwachsen, werden männlich, solche, die vorteilhaftere Bedingungen vorfinden, weiblich. Von der investierten Energie her ist es für eine Pflanze günstiger, Pollen zu produzieren, als die Bürde der Nachkommenschaft auf sich zu nehmen. Männlichkeit in schlechten und Weiblichkeit in guten Zeiten macht also durchaus Sinn. Der Feuerkolben beispielsweise wechselt sein Geschlecht je nach Entwicklungszustand. Im ersten Jahr ist er gewöhnlich männlich. Einmal eingewachsen, wird er im zweiten Jahr größer und in der Regel weiblich.

weiblich dominante männlich dominante
PRIMELBLÜTE

Selbstbestäubung

Pflanzen, die sich selbst bestäuben, sparen Energie, weil sie keine Pollenüberträger mit teurem Futter und Vergünstigungen anlocken und entlohnen müssen. Sie können es sich leisten, mit kleinen Blüten unauffällig zu bleiben und sind deshalb auch in Gärten nicht besonders verbreitet. Andere Pflanzen haben Blüten, die zwar für eine Fremdbestäubung entwickelt wurden, sich aber absichern, falls die Bedingungen schlecht werden und keine Boten zu Besuch kommen. Sie könnten sich beim Erblühen selbst bestäuben, sogar in knospigem Zustand, und dann auf einen Bestäuber warten. Einige warten vergebens. Andere bestäuben sich im schlimmsten Fall kurz bevor sie welken selbst. Oder männliche und weibliche Teile wechseln die Ausrichtung, drängen zusammen und schmiegen sich aneinander, so dass Pollen auf die Narbe übertragen werden kann.

Veilchen können zwei Sorten Blüten hervorbringen. Manche bleiben unter den Laubblättern versteckt. Sie sind klein, nur halb entwickelt und öffnen sich nie, bestäuben sich im zeitigen Frühjahr und Herbst aber selbst, wenn nur wenige Insekten aktiv sind. Die übrigen Blüten sind auffällig und werden fremdbestäubt, sie blühen während der wärmeren Zeiten.

Manche Pflanzen erlauben sowohl dem männlichen Blütenstaub anderer Pflanzen wie auch dem eigenen, in ihre Narben einzudringen. Sie begünstigen jedoch eine Fremdbestäubung, indem sie mittels chemischer Substanzen sicherstellen, dass die Pollenschläuche anderer Pflanzen schneller zu den Fruchtknoten wachsen als die eigenen. Dadurch gewinnen fremde Pollen das Rennen und im Zweifelsfall herrscht Fremdbestäubung vor.

Es gibt Pflanzen, die Millionen Jahre darauf verwendet haben, sich allein an einen Bestäuber anzupassen. Man könnte sie als besonders eifrig und treu bezeichnen. Eisenhut, eine hübsche Pflanze mit charakteristischen Blüten, wird ausschließlich von Hummeln befruchtet. Falls keine in der Nähe sind, bestäuben sie sich lieber selbst, als »unbefriedigt« zu sterben. Gänseblümchen wechseln wie hunderte andere Arten häufiger den Partner und jeder lebende Bestäuber wird dies ebenso tun. Diese Pflanzen brauchen keine ausgesprochen unverwechselbaren und unvergesslichen Blüten, weil sie von vielerlei Arten Insekten besucht werden und nie das Problem haben, an Liebesentzug zu leiden.

Don Sweitzer

Oben: Die Staubgefäße von Glockenblumen stäuben ihren Pollen auf die weiblichen Organe, bevor sich die Blüte überhaupt öffnet. Dies mag voreilig scheinen, doch statt dass die Blüte selbst bestäubt wird, streckt sich der Stempel und bietet den Pollen einem Insekt an. Schließlich teilt sich die Narbe und wird für den Blütenstaub einer anderen Blüte empfänglich.
Mitte: Löwenzahnblüten bevorzugen häufig wechselnde Liebespartner und werden von vielerlei Insekten bestäubt.
Unten: Eisenhutblüten sind Hummeln treu.

3 DIE PERFEKTE WERBEKAMPAGNE

Wie alle Lebewesen müssen Pflanzen um ihr Überleben auf unserem Planeten kämpfen. Sie konkurrieren mit anderen um Raum, Wasser, Licht und Luft und wetteifern mit ihren Nachbarn um die Aufmerksamkeit von Sexualpartnern, sofern sie nicht vom Wind bestäubt werden. Mit Eintreten der Pubertät beginnen die Pflanzen, ihre Gesundheit, Größe und Art anzupreisen, und wachsen zu der Gestalt heran, in der sie am meisten ins Auge fallen.

Sind sie schließlich geschlechtsreif, senden ihre Blütenteile rund um die Sexualorgane die Botschaft an vorbeikommende Bestäuber, dass sie interessante Dinge zum Tausch anzubieten haben, wenn der Betreffende sie nur besucht.

Gruppenbilder sind immer wieder beliebt, einzelne Personen oder Pflanzen können sich in solchen Ansammlungen jedoch nur schwer bemerkbar machen.

KFC
Wang's
Kitchen
chinese cuisine
DINING ROOM AND CARRY OUT
KFC
NOW
HIRING
BUFFET BUFFET
CAN EAT ALL YOU
STOP
The David E. Bailey
Construction Co.
980-0440

COSMOPOLITAN
April 1994 • $2.95
YOU'RE FIRED.
A Realistic Survival Plan
The Enduring, Enigmatic Charm of Jacqueline Kennedy Onassis
Mel Gibson
Raunchy, Rip-roaring Superstar
Cosmo's Guide to Never Looking as Old as You Are

Paul Grebliunas

Claude Steelman

Wie man unter Konkurrenten

Links: Brasilianische Tänzerin beim Karneval in Rio de Janeiro
Oben rechts: Raufußhahn mit aufgeblasenem Kehlsack und gespreiztem Schwanz beim Balzritual
Seite 29 oben links: Malvenblüte mit kontrastreicher Zeichnung
Seite 29 oben rechts: Text der amerikanischen Werbung: Ein Duft so frisch wie ein Blumenfeld
Seite 29 unten: Paviane zeigen deutlich, ob sie für einen Partner bereit sind.

Rob Proctor

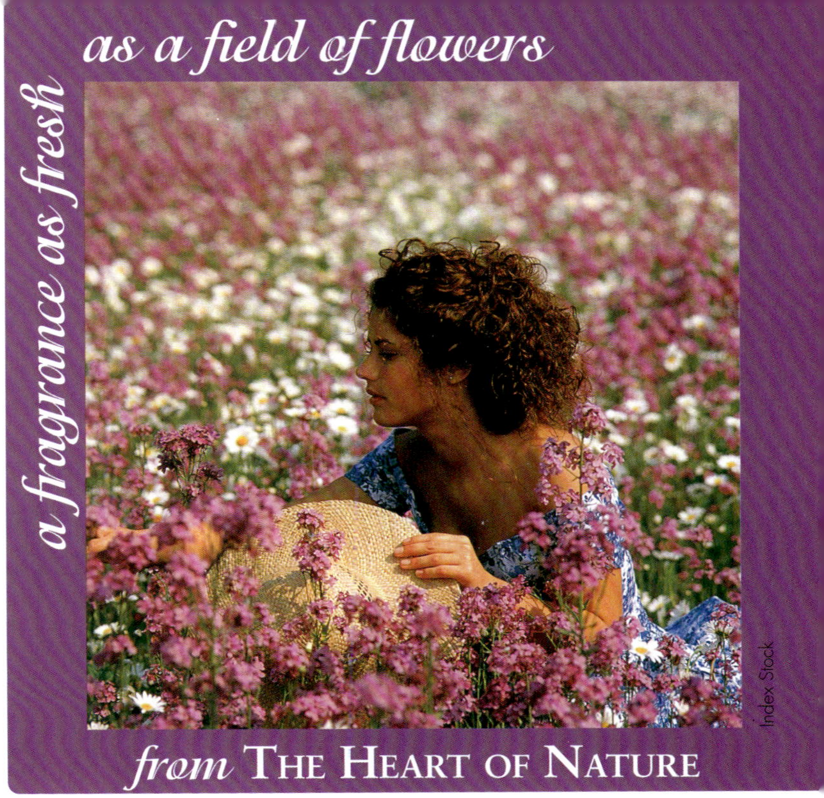

Index Stock

Aufmerksamkeit erregt

SuperStock

Werbung mit Farben

Fast alle Bestäuber können fliegen, deshalb erhalten sie ihren ersten Eindruck der Pflanzen aus der Entfernung. Aus dem Meer verschiedener Grünschattierungen wecken andere Farben die Aufmerksamkeit der Bestäuber. Farbe besitzt die größte Fernwirkung, wie sie wahrgenommen wird, hängt aber vom Betrachter ab. Die meisten Menschen sehen alle der in diesem Buch abgedruckten Farben, während für Vögel und viele Insekten nur ein Teil davon sichtbar ist. Bienen können kurzwelliges Ultraviolett wahrnehmen, das wir nur mit speziellen Hilfsmitteln erkennen. Auch Duft zieht Bestäuber an. Bienen etwa können keine roten Farben ausmachen, werden aber durch Duft zu scharlachfarbenen Rosen hingezogen.

Anemonen, gesehen vom Menschen …

von Bienen …

von Kolibris …

von Käfern

Von Bestäubern bevorzugte Blütenfarben

Bei der Pflanzenwahl für den Garten könnte man darüber nachdenken, welchen Farben Bestäuber den Vorrang geben.

BIENEN: Gelb, Blau, Violett, Ultraviolett
SCHMETTERLINGE: Rot, Orange, Gelb, Rosa
FLIEGEN: Grün, Grüngelb, Weiß, Creme
AASFLIEGEN: Rotbraun, Braun
KOLIBRIS: Rot, Orange, Lila

Hier nur einige Beispiele für die vielen interessanten Möglichkeiten, wie Farben im Garten auf Insekten wirken. Bienen lieben gelbe Töne, sie erscheinen ihnen als warme Farben. Rote Lichtwellen sind zu lang, als dass Bienen sie sehen könnten. Was wir als Violett wahrnehmen, sehen Bienen ohne Rotanteil, also als Blauschattierungen. Manche Schlüsselblumen und andere Blumen, die für uns Gelb sind, erkennen Bienen als Mischung von Gelb und Ultraviolett. Für uns weiße Blumen sind für Bienen ultraviolett, zudem leiten viele Blüten die Bienen mit ultravioletten Streifen, Punkten und Schattierungen auf ihren Kronblättern, was wir in den Blumenbeeten bedauerlicherweise nicht bewundern können. Reinweiße Blüten, die auch für Bienen weiß sind, haben oft luftgefüllte Hohlräume zwischen ihren Zellen, etwa beim Gänseblümchen, oder aber sie reflektieren die Hauptfarben des Lichtspektrums – Rot, Grün und Blau.

LICHTSPEKTRUM

Oben: Blüte, im Sonnenlicht fotografiert
Unten: Dieselbe Blüte in ultraviolettem Licht aufgenommen

Sybil Bashor

Wie Pflanzen verschiedene Blütenfarben erzeugen

Pflanzen verfügen über genetische Programme, um mit chemischen Substanzen in ihren Blütenzellen Farben zu erzeugen. Diese Stoffe unterscheiden sich je nach Bodenqualität und werden auch von Temperatur und Klima beeinflusst. Als Kind liebte ich es, englische Kupfermünzen unter unseren rosafarbenen Hortensien zu vergraben, damit sie blaue Blüten hervorbrachten. Heute macht man das künstlich. Bei vielen Blumen, insbesondere solchen mit dicken, wächsernen Blüten, bestehen die Kronblätter aus mehreren Zellschichten in verschiedenen Farben, wodurch ein schimmernder Effekt entsteht. Samtige Blüten wie die von Gloxinien und Stiefmütterchen scheinen besonders prächtige und sprühende Farben zu haben. Die Oberfläche der Kronblätter ist nämlich nicht glatt, sondern gewellt, um Licht einzufangen und zu reflektieren. Schwarze Blütenbereiche wie in manchen Mohnblüten entstehen durch Lagen von Zellen in allen Farben.

Oben: Gloxinie
Mitte: Stiefmütterchen
Unten: Türkenmohn

Bienenwegweiser …

Im angespannten Wettbewerb um fliegende Bestäuber setzen Pflanzen sichtbare, fühlbare und duftende Hilfen ein, um höchste Werbewirkung zu erzielen. Als Leitlinien für Bienen dienen farbige Streifen, Tupfen und Markierungen auf den Kronblättern, auch Saft- oder Honigmale genannt. Sie helfen Bestäubern, Blüten schnell zu finden und markieren leuchtend den Ort, an dem eine schnelle Mahlzeit bereit steht. Viele Blüten sind zweifarbig, oft mit einem goldenen Schein um die Nektarien. Andere Blüten haben unsichtbare Linien oder duftgetränkte Male, die zur Nektarquelle hin ausgeprägter werden. Sollte die Botschaft bei den Bestäubern immer noch nicht angekommen sein, leiten deutliche Furchen in den Kronblättern lange Zungen an den Geschlechtsorganen vorbei zur Belohnung. Wie manche Menschen kennen Lilien kaum Grenzen, wenn es um das Heischen von Aufmerksamkeit geht. Sie drängen sich mit einer schrillen Zurschaustellung von Düften, Saftmalen und üppigem Schmuck auf – aber gerade dies sind oft die Blumen, die uns am meisten gefallen.

Oben links: Drehfrucht mit dunklen Streifen, die zum Kern des Geschehens leiten
Oben Mitte: Prunkwinde mit goldenem Schlund
Rechts: Fingerhut mit bedeutungsvollen Flecken

Gezieltes Design

Das Zentrum einer Zielscheibe signalisiert »Schau her!«. Auch die konzentrischen Ringe von Verbenenblüten verbreiten diese Botschaft. Lilien- und Hibiskusblüten haben dagegen oft gefurchte Blütenblätter sowie Flecken, um Bestäubern den Weg zu weisen.

TARGET

STOPP

Deutliche Anweisungen

Verkehrszeichen und Blüten senden ähnliche Informationen aus.

Natternzunge und Goldlack wechseln die Farbe nach dem Liebesspiel.

Farbwechsel nach dem Sex

Zum Glück kann man niemandem an der Nasenspitze ansehen, ob er kürzlich Geschlechtsverkehr hatte. Nicht so bei einigen Blüten. Sie lassen wissen, dass sie bestäubt worden sind, dass die Affäre vorüber und nichts mehr zu holen ist. Dies bewahrt den Bestäuber vor unnötiger Zeitverschwendung und gibt der Pflanze die Möglichkeit, sich um die Samenproduktion zu kümmern statt Energie für Futter aufzuwenden.

Einige Pflanzen lassen sich ungezählte Male von Insekten besuchen. Andere haben Mittel und Wege zu signalisieren, dass sich ihr Liebesleben erledigt hat. Die Blüten der Yucca beispielsweise schließen sich, die von Orchideen welken rasch. Bevor einzelne Blüten, die sexuell bereits befriedigt sind, durch ihr Welken die Werbekampagne der übrigen verderben würden, behalten sie bei manchen Pflanzen ihr Aussehen und ihre Farbe ein wenig länger. Währenddessen finden subtile Änderungen statt, die nur bei näherer Betrachtung auffallen. So verschwindet etwa der Duft, Nektar ist nicht länger verfügbar oder das Aussehen der Blüten verändert sich ein wenig, sobald Bestäuber neugierig in offenen Blütenkronen herumschnüffeln oder Prozesse der Samenbildung in Gang kommen. Die Blüten einer Lupinenart haben einen gelben oder weißen Fleck als Locksignal für Bienen, die diese Töne bevorzugen. Nach der Bestäubung wird der Fleck rot – eine Farbe, die Bienen nicht sehen können.

Panayoti Kelaidis

Oben: Die sprühend gelben Blüten der Fackellilie stehen in voller Hitze, während die jüngeren roten gerade zu glühen beginnen.
Mitte: Die rötlichen Knospen des Blauglöckchens werden blau, wenn sie zur Liebe bereit sind.
Unten: Bei Wandelröschen sind die jüngsten Blüten gelb, die mittleren Alters orange und die älteren rot gefärbt.

Eine Laube mit süß duftenden Rosen

Werbung mit Düften

Nach der Farbe ist ein guter Duft das wichtigste Werbemittel einer Blüte. Düfte, die Nahrung oder Sex verheißen, sind am wirkungsvollsten, um Tiere zu verlocken. Bestäuber bevorzugen denn auch Variationen dieser beiden Richtungen. Süße Futtergerüche werden von hungrigen Bienen, Schmetterlingen, Nachtfaltern, Wespen und einigen Fliegen geliebt. Ausdünstungen des anderen Geschlechts ziehen lüsterne Insekten an, am Verwesungsgeruch von Fleisch und Kot finden Insekten wie Aasfliegen oder bestimmten Käfern Gefallen, die einen Platz zur Eiablage suchen (mehr über diese ungeliebten Kreaturen steht in Kapitel 5).

Die meisten Insekten haben einen ausgezeichneten Geruchssinn, der viel empfindlicher als unserer ist. Blüten, deren Duft der Durchschnittsgärtner nur vage empfindet, können für Bienen oder Fliegen dennoch eine nachdrückliche Mitteilung verströmen. Jeder, der schon einmal im Freien gegessen hat, weiß, wie schnell Wespen Futterdüfte bemerken, aus dem Nichts auftauchen und über das Essen herfallen. Mit verbundenen Augen ist man vielleicht fähig, ungefähr ein halbes Dutzend lieblicher Blumendüfte wie die von Hyazinthen, Tazetten, Rosen, Maiglöckchen, Lavendel oder Veilchen zu unterscheiden, nur wenige Leute können mehr Duftnoten identifizieren. Honigbienen müssen dagegen hunderte davon zuordnen und sich an sie erinnern, bisweilen sogar aus einer beträchtlichen Entfernung.

Die Duftproduktion kostet die Pflanzen Energie, die sie nicht aufbringen würden, wenn es kein effizienter Weg der Verständigung wäre. Weniger wählerische Blüten, die viele verschiedene Insektenarten animieren, neigen dazu, süßliche, leichte Düfte zu verbreiten, die auf eine große Anzahl von Bestäubern attraktiv wirken. Anspruchsvollere Blumen erfüllen die Luft mit einem ihnen eigenen Odeur, entweder ständig oder nur zu der Tageszeit, an der sie bereit zur Liebe sind. Das intensivste Parfum verströmen Blüten, die nachtaktive Falter und Fledermäuse anlocken. In mondlosen Nächten ist der Blütenduft das einzige Signal, um Bestäuber wissen zu lassen, wo sich die Pflanzennahrung befindet.

An lauen Sommerabenden besteht eine meiner Lieblingsbeschäftigungen in der Beobachtung, wie sich die blass gelben Blütenblätter der Nachtkerze öffnen und Nachtfalter hineinfliegen, um Nektar zu sammeln. Manchmal betätscheln sie ungeduldig die Knospen, als ob sie diese zum rascheren Aufblühen zwingen wollten. Andere Blumen wie weiße Tabakblüten sind es wert, vor einem Fenster kultiviert zu werden, damit ihr herrlicher Duft in Sommernächten ins Haus wehen kann.

Sonnendurchtränkte Rosen mit opulenten, weit geöffneten und berauschend duftenden Blüten, in denen wohlig summende Bienen ihren üppigen Blütenstaub einsammeln und verbreiten lassen, sind ein geradezu aufreizender und auch befriedigender Anblick. Duftende Rabatten aus Lavendel, Sträuße aus Vanilleblumen, Gardenien im Knopfloch: nicht zuletzt die Parfumindustrie hält uns deutlich vor die Nase, dass nicht nur Bienen von Blumendüften angezogen werden. Auch Menschen finden sie reizvoll, aber nicht, weil sie nach Essen riechen. Bestimmte Orchideen sind sich nicht zu schade, die gleichen verführerischen Gerüche wie ein weibliches Insekt auszusenden. Diese versetzen alle männlichen Insekten der Umgebung in Erregung und spornen sie an, mit der Blüte intime Beziehungen aufzunehmen, allerdings wird allein die Blüte in dieser Hinsicht erfolgreich sein. Manche Blumen haben süchtig machende Düfte, durch die Insekten immer und immer wieder zu ihnen zurückkehren, andere betäubende Parfums, die Insekten so zu entzücken scheinen, dass sie gar nicht mehr von ihnen ablassen wollen. So ein Duft würde sich sicher gut verkaufen, wenn man ihn in Flakons abfüllen könnte. Einer der absonderlichsten Gerüche von Pflanzen ist der vehemente Gestank einer südafrikanischen Protea-Art. Sie wird durch Mäuse bestäubt und besitzt deshalb ein sehr wirksames, kerniges Aroma. Aber nicht alle Blüten betreiben den Aufwand, Düfte zu produzieren. Pflanzen, die von Kolibris bestäubt werden, müssen auch gar nicht duften, denn diese Tiere haben praktisch keinen Geruchssinn.

Vier Aromen, die menschliche Leidenschaft wecken können: Schneeball, Rose, Flieder und Vanilleblume.

Werbung mit Formen

Hat ein Bestäuber einmal die Farben einer Blüte und möglicherweise auch ihren Duft bemerkt, fliegt er vielleicht für einen genaueren Blick näher hin. Die Art, wie Blüten auf einem Stängel wachsen, die Anzahl der Blüten, Größe und Umrisse des Blütenstands wie jeder einzelnen Blüte senden eine wichtige Botschaft und legen fest, wer sie betritt. Bestäuber entdecken bald, dass bestimmte Blüten Nahrung anbieten und in Gestalt und Merkmalen vortrefflich zu ihnen passen, während andere Blumen ungeeignet sind. Entweder ist die Nahrung nicht erreichbar, bietet ihre Form keinen geeigneten Landeplatz oder sie ist ungünstig positioniert. Jede Blume auf der Welt ist an Wind, Wasser oder tierische Bestäuber angepasst und es bleibt ihr nur begrenzte Zeit, in der sie wählerischen Passanten ihre Vorteile anpreisen kann.

Werbetext auf dem amerikanischen Plakat: Sein Pulsschlag wird steigen, ohne dass Sie sich beengt fühlen.
Warnung: Unsere BHs rufen Herzjagen und Atemnot hervor. Natürlich nur beim anderen Geschlecht.

Verbreitete Blütenformen, die Bestäuber anziehen:

Portulakröschen

Goldmohn

Schalenförmige Blüten

Im einfachsten und ältesten Blütendesign formt eine Gruppe von Kronblättern eine nach oben offene Schale. Das zieht viele Insekten an. Diese Blüten werden gut aus der Luft erkannt; die Schale gewährt Schutz, indem sie Sonnenstrahlen bündelt und sich etwas mehr erwärmt als die Umgebung, und der Stängel kann sich sogar drehen, so dass die Blüte der Sonnenbahn folgen kann. Durch die Wärme im Inneren der Blütenschale wird die Samenreife beschleunigt, was besonders in kühleren Klimaregionen und großen Höhen wichtig ist, wo sich Pflanzen innerhalb sehr kurzer Zeit fortpflanzen müssen. Schalenförmige Blumen sind bei vielen Insekten mit kurzen Zungen beliebt, die gerne dort naschen. Bei schlechtem Wetter allerdings besteht die Gefahr, dass der Blütenstaub geschädigt wird, wenn sich die Blüte nicht rasch schließen kann. Blumen wie etwa Rosen und Pfingstrosen haben manchmal halb geschlossene Schalenblüten, die für Insekten eine geschützte, behagliche Zuflucht darstellen, während die einwärts gerichteten Kronblätter Regen vom Blütenstaub abhalten.

Trompeten- und glockenförmige Blüten

Sowohl die Breite einer trompetenförmigen Blüte wie auch der Winkel, in dem sie hängt, sind Anpassungen an bestimmte Bestäuber. Bei vielen Pflanzengruppen findet man Kronblätter, die miteinander zu einer Röhre, Trompete oder einem Trichter verwachsen sind. Bei den aufrechten Phloxblüten etwa bilden die oben ausgebreiteten Kronblätter unten eine enge Röhre. Diese Form zieht Insekten mit langen Zungen an, insbesondere Schmetterlinge. Sie können von der flachen Zone aus gut am Nektar saugen, während die Röhre eng genug ist, um Pollen und Nektar vor Regen und unerwünschten Insekten zu bewahren. Die sich nach außen öffnende Trompetenform von Blüten wie die der Narzissen schützt die Geschlechtsteile vor Feuchtigkeit und Wind und lädt gleichzeitig niedrig fliegende Bienen ein. Blüten mit verwachsenen Kronblätter, die wie eine Glocke herabhängen, halten wie ein Schirm Regen ab, doch viele Insekten können oder wollen nicht in diese hineinfliegen. Mittelgroße, glockenförmige, hängende Blüten wie die vom Fingerhut werden von Honigbienen und Hummeln bevorzugt, die wie Bergsteiger ins Innere klettern und Pollen sammeln können.

Bienen und andere Insekten suchen in hängenden Blüten gerne Schutz vor Wind und Regen, manche verbringen sogar die Nacht darin. Sehr schmale, röhrige Blüten wie bei der Trompetenwinde schließen Bienen aus, haben aber exakt die richtige Länge und Weite für die Schnäbel von Kolibris.

Fingerhut

Lilie

Narzisse

Goldwaldrebe

Deutzie

Bartfaden

Landeplätze

Durch Bienen werden mehr Blüten bestäubt als durch andere Insekten, weil sich viele Blumen gerade an deren Bedürfnisse angepasst haben. Bienen unterbrechen gerne ihren Flug, um in einer Blüte Nahrung zu sammeln, deshalb sind speziell für sie geeignete Landeplätze so verbreitet. Bienenblumen verfügen oft über ein großes unteres Kronblatt, das weit vor die Blüte ragt und sich somit ideal zum Landen eignet. Es muss robust sein, um einer ganzen Reihe von geschäftigen, schweren Bienen standzuhalten, und es muss die Tiere nach der Landung bereits in die richtige Richtung bringen. Eine Pflanze wie der Rittersporn kann wie ein geschäftiger Flughafen wirken, auf dem Bienen anfliegen, landen und wieder abheben. Auch Schmetterlinge halten an, um Futter aufzunehmen, doch sie bevorzugen eine ebene Oberfläche, die einen Blick in alle Richtungen erlaubt.

Oben: Nelke
Unten: Fingerhut
Rechts: Schafgarbe
Ganz rechts: Purpursonnenhut

5YP

Eine uralte Frage: Geschickt verhüllen ...

Ob Geschlechtsteile in verhülltem oder entblößten Zustand attraktiver sind, ist eine Frage, die die Menschheit schon seit unendlich langer Zeit immer wieder beschäftigt. Pflanzen, die ihre Partner mit Futter und nicht mit Sex anlocken, haben sich in beide Richtungen entwickelt. Manche Blüten sind so gebaut, daß Insekten die Nahrung praktisch auf dem Präsentierteller vorfinden, während andere ihre Reichtümer geschickt verbergen.

Japack/Westlight

Model: Bryan Wright

Lily by Rob Proctor

oder enthüllen?

Dürftig bedeckt

Charles V by Titian

Manche Pflanzen fördern eine Fremdbestäubung, indem sie alle bis auf einen Bestäuber ausschließen, so dass z. B. nur eine Biene in ihnen sammeln kann. Dies verschafft Bienen den Vorteil einer exklusiven Futterquelle und der Pflanze den eines gewissenhaften Bestäubers. Es stellt sicher, dass Bienen diese Pflanzenart bevorzugen, andere Exemplare derselben Art besuchen und damit den Pollen zuverlässig übertragen, ohne ihn an inkompatible Bestäuber zu verschwenden. Merkmale, durch die Bestäuber ausgeschlossen werden, gibt es in vielerlei Formen – Größe, Struktur, Duft und Farbe eingeschlossen. Rittersporne wie der hier abgebildete verbergen teilweise, was sie anzubieten haben, um gewöhnliches Insektenvolk fernzuhalten. Die Blüten haben schmale, blütenblattähnliche Anhängsel, welche die Geschlechtsteile verdecken, Öffnungen leiten zum Nektar. Der Effekt ist zu vergleichen mit Hosenbeuteln aus Stoff, die häufig im 15. Jh. in Europa getragen wurden, hier dargestellt auf einem berühmten Porträt Karls V. von Tizian im Prado von Madrid.

Rittersporn, dem zwei Kronblätter entfernt wurden, um den Hosenbeutel sichtbar zu machen.

Blüte ohne die meisten Kronblätter und Hosenbeutel

Menschen wie Pflanzen nutzen die Vorzüge dürftig verdeckter Geschlechtsteile.

Komplett versteckt

Andere Pflanzen verbergen ihre Geschlechtsteile und ihren Nektar zur Gänze in einem Gemach, in das nur starke und intelligente Bestäuber gelangen können, die durch Herumprobieren gelernt haben, wie es zu öffnen ist. Durch das Gewicht einer Biene, die auf der Unterlippe eines Löwenmäulchens landet, spreizen sich die mit Gelenken versehenen Kronblätter auseinander. Die Biene kann hineinklettern und zu Nektar und Pollen gelangen, während sie gleichzeitig Blütenstaub überträgt. Einmal im Inneren beschäftigt, wird die Biene mit ihrem herausragenden Hinterteil leicht zur Beute von Jägern. Die weiblichen Sammlerinnen wissen sich jedoch mit Stacheln zu wehren.

Kunstvoll geformte Blüten mit verhüllten Teilen

Die Familie der Schmetterlingsblütler umfasst hunderte von Vertretern, die zwar etwas unterschiedliche Blüten besitzen, der Mechanismus bei der Bestäubung ist jedoch bei fast allen sehr ähnlich. Gartenblumen wie Lupinen oder Duftwicken zeigen beispielsweise ein großes oberes Blütenblatt, treffend Fahne genannt, das die Werbung übernimmt. Die beiden seitlichen Kronblätter heißen Flügel – noch besser sollte man sie Steigbügel nennen. Sie unterstützen die Werbung, dienen aber auch als Aufstiegshilfe, an der sich die Bienen während der Nahrungssuche festhalten können. Die beiden schmalen, zusammengeklappten Kronblätter, welche die Geschlechtsteile verbergen, nennt man Schiffchen. Bienen, die von der Farbe und vom Duft der Blüten angelockt werden, sitzen rittlings darin, während ihr Kopf in die Blüte eintaucht.

Links: Lupine
Unten: Wicke

Prompte Bedienung

Bei Schmetterlingsblütlern sind die Staubgefäße um den Stempel zu einer Röhre verwachsen, diese Apparatur ist im Schiffchen verborgen und wie eine Feder gespannt. Angetrieben durch das Gewicht einer Biene, pumpt die Staubblattröhre wie ein Kolben Blütenstaub auf den Insektenunterkörper. Bei einigen Arten stößt diese Röhrenpumpe durch ein Loch im Schiffchen, bei anderen durch die sich spaltenden Hälften des Schiffchens. Dabei richten sich die steifen weiblichen und männlichen Teile auf, um Pollen einer anderen Blüte aufzunehmen bzw. ihren eigenen der ahnungslosen Biene aufzuladen – bisweilen mit einem kräftigen Schlag auf deren pelzigen, weichen Bauch. Die Blütenteile kehren gewöhnlich nach jedem Bienenbesuch wieder in ihre ursprüngliche Position zurück. Bei Pflanzen wie der Luzerne haben die kleinen lila Blüten jedoch nur eine einzige Chance, der Schnellmechanismus kann nicht wieder in Gang gesetzt werden.

Auch bei anderen Familien, z. B. den Lippen- und Rachenblütlern gibt es zielgerichtete sexuelle Übertragungs- und Empfangssysteme. Bei den meisten wird Pollen aktiv auf den haarigen Bienenrücken deponiert, je nach Blütenform kann er aber auch Rüsseln, Augen, Köpfen, Füßen oder sonstigen Teilen angeheftet werden. Der Grund dafür ist, dass Bestäubern die Futtersuche so wichtig ist, dass sie nicht jedes Pollenkorn beachten, sich Zeit nehmen oder sich genügend darum kümmern können, bevor sie die nächste Blüte besuchen.

Die Geschlechtsteile einer Besenginsterblüte sind aufgerollt und schnellen unter dem Gewicht eines Gastes hervor.

DIE AM HÖCHSTEN SPEZIALISIERTEN BLÜTEN
Einige der entwicklungsgeschichtlich ältesten Blüten dieser Erde sind gleichzeitig am höchsten spezialisiert. Sie gewähren nur ganz bestimmten Insekten Futter, zudem muss das Insekt eine präzise Stellung einnehmen, um an die Nahrung zu gelangen. Ein Beispiel dafür gibt der edle Eisenhut, der allein durch Hummeln oder künstlich bestäubt werden kann. In freier Natur kann sich Eisenhut nur behaupten, solange Hummeln in seiner Umgebung leben. Auch viele wildwachsende Orchideen und andere Gewächse können nur durch eine ganz spezielle Art von Bienen, Wespen oder anderen Insektengruppen bestäubt werden.

Haarige Blüten

Kopf- und Körperbehaarung spielen für die menschliche Ausstrahlung eine wichtige Rolle. Die meisten Blüten tragen ebenfalls Haare, obwohl manche nur unter einem Mikroskop sichtbar sind. Gewöhnlich übernehmen sie eine abwehrende Aufgabe, aber es gibt auch andere Bestimmungen. Haare können auf Blüten so unverwechselbar und einprägsam sein wie deren Form. Bei manchen Pflanzen schirmen sie wie viele kleine Speere den Zugang zum Nektar ab, um unerwünschte Insekten vom Einschleichen abzuhalten. Bei vielen Blüten sind die weiblichen Empfangsteile behaart, um den männlichen Pollen besser einfangen zu können. In einigen Schmetterlingsblüten kehren Haare sogar losen Blütenstaub vom Boden des Schiffchens auf und beweisen damit für viele Leute nachvollziehbar Sorgfalt und Ordentlichkeit. Kelchblätter und die Außenseite der Fruchtknoten tragen oft borstige Haare, die Blüte und unreife Samen im Inneren schützen sollen. Haare auf dem Laub wie auf den Blüten schützen vor Regen, Hitze, Kälte, Austrocknung und, falls ausreichend unangenehm, vor Fraß, etwa durch Raupen.

Pecture Perfect, USA

Büschelige Blütenhaare gibt es in den verschiedensten Strukturen und Farben, was uns dekorativ erscheint, aber nicht deren einziger Zweck ist. Bartiris, Rittersporn und eine Reihe anderer Gartenblumen haben auf ihren unteren Kronblättern wollige Haarpolster, die Futter suchende Insekten kitzeln, um sie zum Nektar zu leiten. Leuchtend gelbe Haarbüschel wirken wie eine lohnende Pollenquelle, braune oder schwarze wie ein anderes Insekt auf Futtersuche.

Oben links: Küchenschellen schützen ihre Blüten mit wollig behaarten Kronblättern vor ungünstigem Wetter.
Oben Mitte: Beim Bartfaden bleiben gewöhnlich vier pollenbeladene Staubgefäße in einer Vertiefung der Blütenoberseite verborgen, während ein haariges, steriles Staubgefäß aus dem Schlund herausragt.
Rechts: Der Rittersporn stellt Haarbüschel zur Schau.

Die Größe dem Kunden anpassen

Die Größe einer Blüte hängt von den Maßen der Bestäuber ab, die in der natürlichen Umgebung der Pflanze vorkommen. Hungrige Säugetiere und Vögel werden von großen Blüten angelockt, die sie mit reichlich Nektar belohnen. Insekten sind mit kleineren Blüten und geringeren Vergütungen zufrieden. In heißen, feuchten Tropenregionen mit ihrem Reichtum an Insekten, riesige Schmetterlinge und Nachtfalter eingeschlossen, können es sich Pflanzen leisten, in gewaltige Blüten zu investieren. In nördlichen Klimaregionen, wo wir solche Pflanzen nur in Gewächshäusern bewundern oder als Zimmerpflanzen ziehen können, ist nur zu ahnen, welch großartige Insekten, farbenprächtige Vögel oder kleinen Säugetiere diese exotischen Schätze bestäuben. In großen Höhen oder an windigen Berghängen, wo sich lediglich kräftige Hummeln oder robuste Kleininsekten hinwagen, bringen niedrige Pflanzen nur kleine Blüten hervor. Im gemäßigten Klima entfalten sich Blüten, deren Größe irgendwo zwischen diesen beiden Extremen liegt.

Stehen hunderte winziger Blüten gebündelt an einem einzigen Stängel, hat dies für Pflanzen wie für Bestäuber viele Vorteile. Wie ein Gast beim Partybuffet spart ein Bestäuber Zeit und Aufwand, indem er auf kleinstem Raum einen überreich gedeckten Tisch vorfindet. Außerdem werden winzige Blüten in Gruppen vereint, damit sie Bestäuber aus großer Entfernung anziehen, und für eine lange Zeitspanne in Flor bleiben, weil sich die Blüten nacheinander öffnen. Zwergige Blüten mit kleinen Sexualorganen zu haben, ist in der Pflanzenwelt keine Schmach.

MIT VEREINTEN KRÄFTEN

In vielen Gesellschaften versammeln sich ungebundene junge Männer und Frauen zur Partnersuche in der Öffentlichkeit, auf der Straße oder auf dem Tanzboden. Einzeln für sich sind sie möglicherweise eher unauffällig, in der Gemeinschaft aber wirken sie anziehend. Aus ähnlichem Grund entwickeln viele Pflanzen Gruppen aus kleinen, eng beieinander stehenden Blüten, die man Blütenstände nennt. Mit der Hilfe von ein paar »Geschwistern« stellen sie ihr Angebot den Bestäubern zur Schau, das anderweitig unbeachtet bliebe.

Die Formen, in denen Blüten an einem Stängel zusammengefasst sein können, werden botanisch mit vielen Fachbegriffen unterschieden. Sie umfassen Blüten, die paarweise, in Büscheln, in Säulen wie etwa bei der Königskerze, in flachen Schirmen wie bei der Wilden Möhre, in dichten Halbkugeln oder Kugeln wie beim Zierlauch stehen.

Flach ausgebreitete oder auch lange, dichte Blütenstände wie beim Sommerflieder oder Flieder sind bei Schmetterlingen beliebt, weil sie während der Nahrungsaufnahme rundherum freie Sicht haben. Derartige Formen ergeben außerdem einen Ansitz für kleine Vögel und einen Treffpunkt für unzählige Insekten, deren Zungen genau in die schmalen Blüten hineinpassen. Doldenblütler, zu denen bekannte Küchenkräuter wie Koriander, Kümmel und Dill gehören, haben tausende winziger, weißlicher Blüten, und sind bei Fliegen und kleinen Insekten beliebt. Jede Blüte besitzt männliche wie weibliche Teile. Im Fruchtknoten befindet sich eine einzige Samenanlage, aus der nach Befruchtung und Reife eben das würzige Samenkorn hervorgeht, das Köche so gern mögen.

In büscheligen Blütenständen reifen die äußeren Blüten mitunter zuerst und sind oft auch größer, wodurch das Blütenbild insgesamt eindrucksvoller wird, oder aber die am Rand stehenden Einzelblüten tragen einfach nur größere Blütenblätter. Diese äußeren Blüten sind jedoch oft steril, trotz des Prunks steckt also nichts dahinter. Die fruchtbaren Geschwisterblüten in der Mitte öffnen sich nacheinander, wodurch der Blütenstand über eine lange Zeitspanne attraktiv bleibt.

Oben: Spinnenblume
Mitte: Silberblatt
Unten: Zierlauch

Etagenweise Sex

Bei Gartenblumen mit säulenförmigen Blütenständen wie Hyazinthen, Gladiolen, Rittersporn und Ziersalbei öffnen sich die Blüten der Reihe nach von unten nach oben. Insekten und Vögel zieht es erst zu den unteren Blüten, auf der Suche nach Nektar arbeiten sie sich dann systematisch nach oben. Stehen die Blüten spiralig um die Blütenachse, kann man Bienen bei der Erforschung der Blüten höher und höher kreisen sehen. Prachtscharten tanzen aus der Reihe, indem sich zuerst die Blüten an der Spitze entfalten. Wären alle Blüten gleichzeitig offen, hielte die Pracht nur ein bis zwei Tage, zudem wäre der Bestäuber wahrscheinlich schon nach dem Besuch nur einer einzigen Pflanze gesättigt. Sind jedoch täglich nur ein paar Blüten geöffnet, muss er von Pflanze zu Pflanze fliegen, wodurch eine Fremdbestäubung sichergestellt wird und außerdem genügend Blüten für einen weiteren Besuch am nächsten Tag übrig bleiben.

Königskerze

Steppenkerze

Prachtscharte

Korbblüten

Korbblütler sind eine große Pflanzenfamilie mit komplexen Blütenstrukturen und einem unsteten Geschlechtsleben. Ihre winzigen Blüten wachsen so eng in Gruppen zusammen, dass sie wie eine einzige Einheit wirken: gewöhnlich mit auffälligeren, sterilen Blüten, welche die Werbung übernehmen, und schlichteren, die für die Fortpflanzung zuständig sind. Alle Gänseblümchen, Astern, Sonnenblumen, Kornblumen, Sonnenhüte, Schmuckkörbchen, Alant, Schafgarben, Zinnien, Dahlien, Chrysanthemen, Ringelblumen, Wegwarten und Margeriten gehören zu dieser Gruppe, zusammen mit vielen anderen – über 20 000 Arten insgesamt.

Warum nun sind diese Gewächse so verbreitet und erfolgreich? Korbblütler können von hunderten verschiedenen Insekten mit kurzen oder langen Zungen bestäubt werden, aber nur eines davon ist nötig, um die Aufgabe zu erledigen. Das eröffnet ihnen unendlich mehr Chancen auf eine vielversprechende Befruchtung als es bei wählerischeren Arten der Fall ist. Korbblüten halten sich in der Regel lange. Sie bieten reichlich Nektar als Belohnung an, und die meisten bestäuben sich selbst, wenn es niemand sonst tut. Oft sind es robuste, anpassungsfähige Pflanzen, die sich einfacher als andere im Garten kultivieren lassen. Sie umfassen auch eine Reihe von Unkräutern wie Disteln oder Flockenblumen deren Fruchtbarkeit viele Gärtner mehr als lästig finden.

Wenn hunderte Blüten dicht zu scheibenförmiger Gestalt zusammengedrängt stehen, sehen sie in der Gemeinschaft attraktiver aus, duften stärker, schützen sich gegenseitig vor Austrocknung und bieten Bestäubern ein besseres Tauschgeschäft. Die meisten Korbblüten bestehen aus zwei Blütentypen: kleine Scheibenblüten in der Mitte und große Strahlenblüten am äußeren Rand.

Scheibenblüten

Viele Scheibenblüten sind so klein, dass man sie nur mit einem Vergrößerungsglas richtig sehen kann. Jedes zwittrige Einzelblütchen ist gewöhnlich eine komplette Blüte, mit zu einer kurzen Röhre vereinten Kronblättern, Narbe, Griffel und Fruchtknoten mit einer einzelnen Samenanlage. Die fünf Staubblätter sind zu einem beweglichen Kragen rund um den Griffel verwachsen, unterstützt durch die elastischen Staubfäden. Korbblütler waren vor langer Zeit eng mit Glockenblumen verwandt, einige der winzigen Scheibenblüten verhalten sich noch immer wie diese: sie entlassen Blütenstaub geradewegs auf den unreifen und unempfänglichen Stempel, bevor sich die Blüte öffnet. Der Stempel funktioniert wie ein Kolben, er streckt sich und drückt den Pollen durch die Scheide aus Staubgefäßen an die Spitze, wo er von Bestäubern übernommen werden kann. Die Apparatur ist meist genau abgestimmt. Durch ein Insekt erregt, kontrahieren sich die Fäden des Staubgefäßkragens, wobei nur eine gewisse Menge Pollen ausgestoßen wird und klugerweise reichlich für spätere Insektenbesuche übrig bleibt. Erst wenn der meiste Pollen abgegeben ist, reifen die weiblichen Teile. Dann werden die Narben an der Spitze des Griffels empfänglich, sie verzweigen sich (wiederum wie bei Glockenblumen) gewöhnlich in zwei Äste. Lässt sich kein Bestäuber blicken, kringeln sich die beiden Narbenäste, so dass die aufnahmefähigen, klebrigen Narbenteile die letzten verbliebenen Körnchen des eigenen Pollens berühren und sich selbst befruchten können. Einige Korbblütler zeigen nur Scheibenblüten, etwa Prachtscharte, Katzenpfötchen, Perlkörbchen und Beifuß.

Oben: Aster
Unten: Schmuckkörbchen

Strahlenblüten

Viele Korbblüten scheinen auffällige Kronblätter an der Außenseite ihrer Blütenscheiben zu haben, in Wirklichkeit handelt es sich dabei aber fast immer um sterile oder rein weibliche Blüten, deren Hauptaufgabe in der Werbung für die unauffälligen, aber fruchtbaren Blüten im Inneren der Scheibe besteht. Oft sind die Kronblätter nicht mehr voneinander getrennt, sondern wie etwa beim Schmuckkörbchen zu einem einzigen, langen, attraktiven Zungenblatt mit Längsrippen verwachsen. Ein anderes Beispiel liefert die Margerite, bei der man beim Liebesorakel die »Blütenblätter« reihum auszupft und mit den Worten abzählt: »Er liebt mich, er liebt mich nicht…«. Die abgezupften Blütenblätter sind eigentlich sterile Schaustücke (und spiegeln hoffentlich nicht den Mann wider, nach dem man beim Orakel fragt).

Einige Korbblütler haben Strahlen-, aber keine Scheibenblüten, so etwa die himmelblaue Rasselblume. Jede winzige Einzelblüte ist gefranst und abgeflacht, ihre Kelchblätter sind in feine Haare umgewandelt, die man Pappus nennt. Wenn der einzige Samen zur Verbreitung bereit ist, werden sie länger, plustern sich auf und wirken wie ein Fallschirm, so dass der Wind sie samt Samen emportragen und wegblasen kann. Die äußeren Blüten sind gewöhnlich größer als die inneren, manchmal auch steril. Wenn es regnet, faltet sich das ganze Gebilde dicht zusammen.

Oben: Margerite
Unten: Ein Beet voller Körbchenblüten

Sex durch die Jahreszeiten

Um benachbarte Pflanzen auszustechen, öffnen sich Blüten zu verschiedenen Tages- und Jahreszeiten. Sie besetzen gleichsam verschiedene Marktnischen. Ein Blumengarten ist für einen Bestäuber wie ein Geschäft, in dem jahrein, jahraus rund um die Uhr eine breite Auswahl an Delikatessen angeboten wird.

Barbie, das Sexsymbol Amerikas schlechthin, sitzt zwischen Krokusblüten. Die Fruchtknoten dieser Blumen befinden sich unter der Erde, wo sie vor Frost geschützt sind. Pflückt man einen Krokus, trennt man die Blüte also nur in der Mitte durch.

FRÜHLING: STARTSCHUSS ZUM WETTKAMPF

Frühreife Mädchen schäkern schon mit Jünglingen, wenn ihre weibliche Konkurrenz noch gar nicht daran denkt. Auch ältere Leute, die sexuell aktiv geblieben sind, können sich über mangelnde Angebote wahrscheinlich nicht beklagen, indes einige ihrer Altersgenossen bereits gestorben sind oder kein Interesse mehr zeigen.

Die ersten Frühlingsblüher, die jedes Jahr erscheinen, nutzen wie die letzten Blumen, die den Unbilden des hereinbrechenden Winters widerstehen können, dieselbe Situation. Frühlingsblumen brauchen kaum zu werben, allein ihre Anwesenheit ist Grund genug, um von hungrigen Bienen, die das Gelände für ihr Volk erkunden, bombardiert zu werden. Die ersten Frühlingsblüten sind oft klein und unscheinbar und stehen auf kurzen Trieben, weil sie keine Zeit zum Wachsen hatten. Selten mangelt es ihnen an Liebesboten, und manche wirken ganz schön derangiert, nachdem sich mehrere heißhungrige Bienen zugleich in die Blüten gedrängt haben.

Vorfrühlingsblumen – Strahlenanemone, Forsythie und Schachbrettblume

SOMMER

Blumen, die im Hochsommer blühen, müssen höher stehen, größer sein, strahlender wirken sowie reizvoller duften als Frühlingsblüher. Ein Weg, wie sommers blühende Pflanze miteinander konkurrieren, besteht darin, sich zu verschiedenen Zeiten zu öffnen und Nektar nach einem bestimmten Zeitplan anzubieten. Die Wegwarte z. B. öffnet sich von 7 Uhr früh bis 12 Uhr mittags und bietet ein ausgiebiges Frühstück an. Die Mittagsblume breitet, wie ihr Name schon sagt, ihre Kronblätter mittags aus, wenn die Sonne sie erwärmt hat. Die Wunderblume lädt zur Kaffeetafel, während die Engelstrompete mit ihrer Entfaltung wartet, bis die Bienen in ihren Stock heimgeflogen sind, um Nachtfalter, Fledermäuse und andere Nachtschwärmer zu verlocken. Einige Blüten bleiben 24 Stunden pro Tag geöffnet, ihr Nektar aber ist in dieser Zeit nicht unbedingt immer verfügbar, so dass man oft Blüten im Garten sehen kann, die auf der Höhe ihrer Reife und Vollkommenheit sind, jedoch von keinerlei Bestäuber umschwirrt werden.

Englischer Sommergarten

HERBST
Im Spätherbst in Flor kommende Pflanzen profitieren von denselben Vorteilen wie zeitig im Frühjahr blühende. Herbstzeitlosen, auch Nackte Jungfern genannt, blühen, wenn Laubbäume ihre Blätter verlieren, viele Gewächse bereits braun und welk geworden und die meisten Blüten nur noch im Gedächtnis verblieben sind. Die letzten Farbtupfer in meinem Garten, Gelenkblumen und orangefarbener Goldmohn, erhalten von mir wie von schläfrigen Bienen viel Aufmerksamkeit. Sie versamen sich gerade eben, bevor der erste Schnee fällt.

Sex nur für einen Tag ...
Oder wochenlange Bereitschaft

Kronblätter variieren in ihrer Beschaffenheit von knackig bei Lilien über zerknittert bei Mohn bis schillernd bei Fleißigen Lieschen. Die Oberflächen der Kronblätter müssen in der Regel so robust sein, dass sie Regen abhalten und einem gewissen Missbrauch durch Bestäuber sowie Wind widerstehen. Bei Pflanzen wie Taglilien, die nur ein paar Stunden in Flor stehen, brauchen sich die Blütenblätter nicht lange halten, sie tragen oft fragile und empfindliche Blüten. Im Gegensatz dazu haben Orchideen, bei denen nur gelegentlich ein Bestäuber vorbeikommt, dicke, wächserne Kronblätter, die Feuchtigkeit speichern und bis zu einem Monat lang ihr frisches Aussehen bewahren.

Oben: Gelenkblume
Unten: Herbstzeitlose

Viele Frauen wünschen sich, eine so perfekte Haut zu haben wie die Kronblätter dieser Amaryllis.

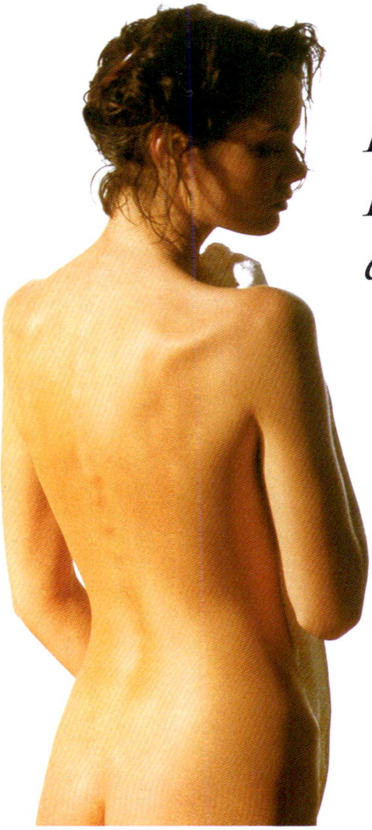

Ihr Körper altert

Frank Herholdt

Einen erfolgreichen Mitbewerber nachahmen

Weil Werbekampagnen viel Geld kosten, wollen viele Leute deren Ergebnisse lieber ohne Ausgaben erzielen. Einige Firmen kopieren begehrte Produkte und hoffen, dass sich diese Imitationen ebenso gut an den Mann bringen lassen wie die bekannten Originale. Auch manche Pflanzen bedienen sich dieser Methode, indem sie vorgeben, wie eine andere Pflanze auszusehen oder zu duften. Dicht neben weit verbreiteten Wildpflanzen, die tausende von Jahren aufgewendet haben, um sich in Farbe, Größe, Duft und Futterangebot genau auf einen bestimmten Bestäuber auszurichten, können seltenere Arten wachsen, die ganz ähnliche Merkmale zeigen. Bestäuber werden getäuscht und zum Besuch verleitet, erhalten aber überhaupt keine Belohnung. Dies ist zwar ein billiger Trick, aber ein derart wirkungsvoller, dass er über Millionen Jahre praktiziert worden ist. Andere Pflanzengruppen verletzen zwar keine Patente, sind einander aber so ähnlich, dass alle Blüten einen Vorteil aus ihrem übereinstimmenden Aussehen ziehen. Hahnenfuß, Fingerkraut oder Sonnenröschen mit ihren vertrauten gelben Schalenblüten gedeihen wie viele andere auch entweder auf denselben Werbefeldzug hin so prächtig, oder aber sie haben alle dasselbe überaus erfolgreiche Design.

4 FAMOSE WERBEGESCHENKE

Hat eine Pflanze mit ihrer Werbung erst einmal die Aufmerksamkeit eines Bestäuber erregt, muss sie ihn zu einer intimeren Beziehung überreden. Ihr Bestreben nach einer Fremdbestäubung bleibt vergebens, wenn das Tier nicht in Kontakt mit ihren Geschlechtsorganen kommt. Pflanzen, die ihren langfristigen Bestand auf die Dienste lebender Bestäuber stützen, müssen die gegenseitige Bindung mit diesen pflegen. Die Abhängigkeit voneinander muss so zwingend werden, dass Bestäuber nicht umhinkönnen, sie aufzusuchen und mit ihnen eine so innige Partnerschaft einzugehen, dass keiner mehr ohne den anderen leben kann.

Bestäuber erfüllen den Handel mit der einzigen Sache, die die Blüte will – sexuellen Transfer ihres Pollens –, aus Versehen. Was muss die Pflanze im Austausch dafür bieten? Insekten und andere Tiere suchen Pflanzen aus vielerlei Gründen auf, aber niemals deshalb, weil ihre Blüten so hübsch sind. Sie werden mit eben den Dingen verführt, die für das Leben wichtig sind: Nahrung für sich und die Brut, Schutz und Nestbaumaterial, Liebesdienste und sexuelle Verlockungen sowie Gelegenheit, das andere Geschlecht zu treffen. Diesen Tausch kann man Bestechung, Entlohnung, Schuldrückzahlung oder sonst wie nennen, das Ergebnis bleibt sich gleich. Die Art und Weise, wie Pflanzen derartige Bestechungen einsetzen, unterscheidet sich kaum davon, wie es Firmen moderner Gesellschaften zur Vermarktung von Dingen wie Fast Food, Spirituosen und Zigaretten tun.

Bietet ein Geschäft schnelle Mahlzeiten und freies Parken, kommen die Kunden in Scharen. Bestäuber fliegen Blüten wegen derselben Gründe an.

KRITERIEN FÜR HERSTELLUNG, ABSATZ UND VERTRIEB
VON PFLANZLICHEN WERBEGESCHENKEN:

1. **Günstige Herstellung:** Objekte zur Werbung sollten mit preiswerter Energie und billigen, leicht verfügbaren Bestandteilen angefertigt werden.

2. **Marktorientierung:** Werbegeschenke sollten auf ganz bestimmte, zuverlässige Bestäuber ausgerichtet sein, die den sexuellen Handel kompetent ausführen können; andere sollten ausgeschlossen werden, um unnötige Erschöpfung der Ressourcen zu vermeiden.

3. **Vertriebskontrolle:** Pflanzen sollten Herstellung, Absatzterminierung und Vertriebsmengen kontrollieren. Werbegeschenke sollten so begehrenswert sein, dass der Bestäuber mehr davon will, sie aber nur in begrenzten Mengen gewährt werden, damit der Bestäuber in Kürze nach zusätzlichen Lieferungen ähnlicher Anbieter suchen muss. Der ideale Bestäuber sollte anhand einer leicht wiedererkennbaren Präsentation ermuntert und mit einem garantierten Produkt entlohnt werden, das jeden Tag zu voraussagbaren Zeiten verteilt wird.

4. **Suchterzeugung:** Bestäuber sollten zu Stammkunden werden. Bei ohnehin reizvollen Werbegeschenken fördern süchtig machende Dinge und/oder das Überleben des Bestäubers sichernde Elemente möglicherweise den Erfolg.

5. **Prämien:** Locken Werbegeschenke ganze Gefolgschaften an, wirkt sich positiv aus, dass kleine Insekten zwar selbst bisweilen nicht bestäuben, aber zumindest als Beute größere Bestäuber anziehen.

Nektar

Nektar ist ein von Pflanzen produziertes, nährendes Werbegeschenk, das alle Erfordernisse der vorherigen Seite erfüllt. Es ist zwar nicht exakt dasselbe Produkt in allen Pflanzen, aber es wirkt überall auf der Welt brillant zur Anlockung von Bestäubern. Nektar ist eine Flüssigkeit, die überwiegend Zucker enthält, aber auch geringe Mengen von Aminosäuren, Vitaminen und Mineralien. Seine Zusammensetzung variiert je nach Pflanze, Tageszeit, Wetter, Alter der Blüte und Bestäuber. Kolibris brauchen verdünnten Nektar, während andere Bestäuber starke, klebrige Konzentrationen bevorzugen. Nektar birgt viele Vorteile: er lässt sich schnell trinken, wird rasch in den Kreislauf aufgenommen und spendet fast unmittelbar Energie. Viele Insekten sowie einige Vögel und Säugetiere haben sich daran angepasst, Blütennektar als wichtigste Kohlenhydratquelle zu nutzen.

Frühzeitliche Pflanzen sonderten überschüssigen Zucker über ihre Blätter ab, einige wie der Lorbeer tun dies noch immer. Mit der Zeit spezialisierten sich die Pflanzen, so dass jetzt viele Blüten Nektar in diversen Drüsen oder Schuppen herstellen, die nie weit von den Geschlechtsorganen entfernt sind. Diese Nektarien sind mit bloßem Auge gewöhnlich nicht sichtbar, in großen Blüten kann man jedoch bisweilen Nektarbehälter erkennen. Viele Gärtner haben schon an Klee und anderen Blüten gesaugt, der Nektar der Kapuzinerkresse kann köstlich schmecken.

Viele Bestäuber erinnern sich daran, wo und wann sie kürzlich Nahrung gefunden haben. Eine Reihe von Pflanzen hält Nektar planmäßig zu bestimmten Zeiten bereit. Honigbienen werden diese schnell geläufig, sie kehren pünktlich zurück. Schöpft ein Bestäuber allen verfügbaren Nektar in einer Blüte ab, bleibt für den nächsten Besucher nichts übrig. Entweder ist dies ein Zeichen, dass die Blüte sexuell befriedigt oder erschöpft ist – in diesem Fall wird demnächst kein Nektar mehr produziert – oder aber Nektar fließt erst wieder, wenn die Blüte noch einmal für einen Bestäuber bereit ist. Einige Blüten liefern auf der Höhe ihrer Geschlechtsreife Nektar konstant nach, doch zur Sicherstellung einer Fremdbestäubung bedarf es einer aufreizenden Rationalisierung. Ein Besucher darf niemals so viel Nektar bekommen, wie er will, weil satte Gäste nicht zur nächsten Blüte fliegen.

Im Inneren der Kaiserkronenblüte quellen Nektartropfen hervor.

Rob Proctor

NAHRUNG FÜR KALTE TAGE

Der Löwenzahn ist eine ausgesprochen erfolgreiche Pflanze, weil er Nektar bei niedrigeren Temperaturen als die meisten anderen Gewächse produziert. Bei kühler Witterung beherrscht er dadurch den Markt. Zum Winterausklang bieten blühende Schneeglöckchen und Christrosen den Bienen, wenn deren Stöcke den Betrieb wieder aufnehmen, reichlich Nektar an.

UNSCHEINBAR ODER GLAMOURÖS

Die grünen oder weißen Blütchen von Pflanzen wie Steinbrech, Wilder Möhre, Walzenwolfsmilch oder Wein sind so klein und unvorteilhaft, dass man meinen könnte, sie finden niemals einen Partner. Diese Blüten brauchen jedoch nicht größer zu sein, denn ihr Nektar befindet sich völlig entblößt an der Blütenoberfläche – leicht zu sehen, zu erschnuppern und um darin zu schwelgen. Mühelos verführen sie damit Bienen, manche Fliegen und Wespen.

Andere Pflanzen verbergen den Nektar teilweise in Blüten, die zwar oft bezaubernd, aber nicht unbedingt die Hauptattraktion in unseren Gärten sind. Diese Gruppe umfasst Obstarten wie Pflaumen und Birnen, Erdbeeren, Himbeeren sowie Hahnenfuß und viele Vertreter der Kreuzblütler. Sie ziehen Insekten wie Bienen, Schwebfliegen und einige Schmetterlinge an. Zur Gänze versteckt ist der Nektar gewöhnlich bei den prunkvollsten und am süßesten duftenden Blüten.

Oben: Geißblattblüte mit verborgenem Nektar
Unten: Walzenwolfsmilch mit frei liegendem Nektar

Blütenstaub

Nektar liefert dem Bestäuber eine schnelle Mahlzeit, Blüten wollen ihre Besucher aber auch mit länger vorhaltender Kost versorgen. Blütenstaub ist ein wichtiges Werbegeschenk, zudem eine hervorragende Nahrungsquelle, die Eiweiß und geringere Mengen an Stärke, Zuckern, Fetten und Ölen, Mineralien, Antioxidantien, Vitaminen und freien Aminosäuren enthält.

Weil Pollenkörner ihre männlichen Gene in sich bergen, kann sich keine Pflanze leisten, dass alle verspeist werden. Pflanzen bringen eine solche Fülle von Pollen hervor, dass ein Teil von Insekten verzehrt und von Bienen gesammelt werden kann, trotzdem aber genügend übrig bleibt, um zu anderen Blüten transportiert zu werden. Die Prinzessinenblume, ein exotischer Strauch mit lila Blüten, bildet zwei Typen von Pollenkörnern in verschiedenen Staubgefäßen: violette zum Sex, gelbe als Nahrung. Noch weitere Gewächse, unter ihnen Bartfaden und Königskerzen, verfügen über einen ähnlichen Vorteil.

Fliegen und Käfer stärken sich bisweilen an Pollen, Bienen jedoch sind die Hauptkonsumenten und die einzigen Insekten, die ihn sammeln und lagern. Arbeitsbienen laden ihn pfundweise pro Jahr auf und verfüttern das

Honigbienen sammeln Blütenstaub in Sonnenröschen.

meiste davon an ihre Larven im Stock. Bei ihren Flügen fegen Bienen emsig losen Pollen in ihre Höschen. Dank ihrer Geschäftigkeit bleiben aber meist ein paar Körnchen irgendwo auf ihren Köpfen oder Hinterleibern, so daß für Sex im Garten genug übrigbleibt.

Wie Nektar ist auch Pollen verschieden. Manchmal ist er pudrig und wird leicht vom Wind verblasen. Weil dies aber nicht immer wünschenswert ist, haben manche Pflanzen dicht zusammengepresste Staubgefäße, so dass der Pollen nicht ausgestreut oder eingesammelt werden kann, bis ein geeigneter Bestäuber sie auseinander drückt. Anderer Blütenstaub ist zäh klebrig. Bei Rhododendren lässt er sich von Bienen leicht aufsammeln, weil die Körner miteinander verkittet sind.

Bienenblüten wie von Kamelien, Johanniskraut, Begonien, Clematis, Rosen und Mohn bieten keinen Nektar an, ihre Werbekost besteht nur aus Pollen.

Rechts: Die Staubfäden in Akanthusblüten sind gekrümmt, die Staubgefäße daher einander zugewandt.
Unten: Die einzige Belohnung einer Rose besteht aus Blütenstaub.

Andere Belohnungen

Insekten brauchen Schutz ebenso wie Nahrung. Blüten locken Insekten auch damit an, dass sie einen Platz zum Verweilen anbieten. Indem die Insekten dabei in der Blüte herumkrabbeln, ergeben sich zusätzliche Möglichkeiten zum Pollenaustausch. Blüten spenden Insekten einen Ruheplatz, wo sie warm gehalten und vor Wetter und Räubern behütet werden. Männliche Solitärbienen, die nicht jeden Abend heim eilen müssen, schlafen nachts oft in ihnen. (Bei einem Spaziergang durch den Garten an einem frischen Herbstmorgen kann man sehen, wie viele Bienen sich zur Nachtruhe darin entschieden haben.)

Index Stock

EINEN PARTNER AUFREISSEN

Unstete Pflanzen mit Blüten, die sich durch alles bestäuben lassen, wirken wie eine belebte Singlebar am Freitagabend, voll mit Leuten, die es nach einem Drink und nach einem Partner dürstet. In solchen Blüten besteht für viele Insekten die Aussicht, einen Partner des anderen Geschlechts zu treffen, ein gemeinsames Mahl zu genießen und ein Plätzchen für die Nacht zu finden.

Bienen schlafen in einer Clematisblüte. In kühlen Morgenstunden lassen sie sich nicht stören, bis die Sonne sie ausreichend erwärmt hat, um wieder auf Futtersuche zu gehen.

SCHNAPP DIE BEUTE

Räuberische, fantastisch getarnte Insekten und Spinnen liegen in Blüten im Hinterhalt und harren auf kleinere Insekten. Krabbenspinnen verschmelzen durch Farbänderung mit den Blüten, in cenen sie lauern. Gärtner entdecken häufig sorgsam platzierte Spinnennetze in ihren Blumenbeeten, in denen b'ütenumschwirrende Insekten in die Falle geraten. Auch Vögel suchen in Blumen nach Insekten, zuweilen helfen sie beim Aufpicken sogar bei der Bestäubung.

EIABLAGE- UND BRUTPLÄTZE

Einige Insekten legen ihre Eier in Blüten ab, viele auf Pflanzenstängel und Laub. Teilweise ahmer Blüten den üblichen Brutplatz eines Insekts nach, um es zum Besuch und zur Fortpflanzung zu ermuntern. Eine außergewöhnlich faulig riechende Pflanze, der Ordensstern, wie verrottendes Fleisch gefärbt, zieht Aasfliegen zur Eiablage an. Aber – sobald die Larven geschlüpft sind, verhungern sie natürlich.

HAUSHALTSBEDARF UND SEXUELLE STIMULANTIEN

Neben Nektar und Poller sammeln Honigbienen von manchen Pflanzen auch Fropolis, eine Art Leim, mit der die Waben versiegelt und repariert werden, außerdem noch Öle zur Nahrungsergänzung für ihre Brut. Wie man sich vorstellen kann, ist dieses Gebiet schwierig zu erforschen, es gibt noch eire Menge zu tun. Bekannt ist jedoch, dass einige Pflanzen, insbesondere tropische, Öle erzeugen, die Insekten über sich verteilen, um anziehender auf das andere Geschlecht zu wirken.

Oben: Käfer vermählen sich au einer Bartblume.
Unten: Bienen sammeln Honig 'n einer Feigenkaktusblüte.

5 SCHMERZ UND SCHANDE

Irgendwann haben wir alle schon einmal charmante Leute getroffen, bei denen wir schockiert feststellen mussten, dass sie eine kriminelle Ader haben. Unter Pflanzen gibt es eine gleichartige Sippschaft, Aronstab und Feuerkolben beispielsweise, die Bestäuber zu ihren bizarren Blüten locken, sie dort als Gefangene halten und erst wieder freilassen, wenn es ihnen passt.

ARONSTAB – EIN PHALLUSSYMBOL

Man nennt dieses Gewächs auch Pfaffenstengel, wobei der skurrile, alte Volksname sich auf die phallische Erscheinung des langen Kolbens in der Blütenmitte bezieht, der von einer tütenartigen Hochblattscheide umhüllt ist.

Wie auch immer, alles Trachten der fremdartig anmutenden Blüten dreht sich um die Befruchtung. Sie verlocken Aasfliegen und Schmetterlingsmücken mit einem üblen Geruch, mit Wärme, die von den steifen, violetten Kolben erzeugt wird, bieten tückischen Schutz und einen Platz zur Eiablage. Der Kolben steckt voller Stärke, die zur Wärmeerzeugung von der Blüte »verheizt« wird. Dieser Prozess kostet die Pflanze viel Energie, doch muss er sehr effektiv sein, sonst würde er nicht ausgeführt. Vielleicht erscheint die Nachahmung warmen Fleisches dadurch realistischer, außerdem verbreitet sich der Geruch in kühler Abendluft besser.

Im bauchigen Kessel am Grunde der glatten Hochblattscheide sitzen am Kolben viele winzige weibliche Blüten, die reifen und empfängnisbereit werden. Am Hochblatt abrutschend geraten kleine Fliegen durch eine Verengung, die mit abwärts gerichteten Borsten versehen ist, in den Kessel. Jetzt sitzen sie in der Falle. Sie können herumfliegen und -krabbeln, Nektar trinken und, falls sie von einer anderen Aronstabblüte kamen, Pollen auf den Narben abladen. Ist die Aufgabe erfüllt, wechselt die gesamte Apparatur in die männliche Phase. Viele kleine männliche Blüten warten nur darauf, die Insekten mit ihrem Blütenstaub zu überschütten. Schließlich erschlaffen die Sperrborsten am Ausgang des Kessels, wodurch alle noch lebenden Häftlinge frei werden, davon fliegen und andere Aronstabblüten bestäuben können.

Es gibt viele verschiedene Aronstabarten. Der Italienische Aronstab wird wegen seines schönen Laubs, seiner ungewöhnlichen Blüten und roten Früchte gerne in schattigen Gärten gezogen.

Panayoti Kelaidis

Aronstab

FEUERKOLBEN

Der Feuerkolben ähnelt dem Aronstab, auch er hat einen Kolben, der aus einem Kessel empor ragt, vom Hüllblatt aber kapuzenartig überdeckt wird. Bezeichnenderweise wird er auch Mönchskutte genannt. Von der pittoresken Staude gibt es meist eigenständige männliche wie weibliche Pflanzen, der »Mönch« kann also auch eine »Nonne« sein. Abends versammeln sich Mücken rund um die Blüten männlicher Pflanzen, fallen ins Gefängnis, werden mit Pollen bedeckt und entfliehen durch ein spezielles Loch.

Weibliche Pflanzen ziehen ebenfalls Mücken an. Einige davon bringen Pollen mit, nachdem sie eine männliche Pflanze besucht haben. Solche aber stürzen in ihr Verhängnis, denn es gibt keinen Fluchtweg, und sie werden für die Befruchtung geopfert.

Panayoti Kelaidis

Oben: Feuerkolben
Oben rechts: Mäusepflanze

Panayoti Kelaidis

MÄUSEPFLANZE

Fühlen sich Fliegen vom sauerkohlartigen Geruch oder durch die Ähnlichkeit zu einer Maus mit stinkendem, langem, nacktem Schwanz zu dieser Pflanze hingezogen? Egal, wiederum handelt es sich um ein Gewächs wie Aronstab und Feuerkolben, das kleine Insekten mit Gestalt, Wärme und fauligem Geruch in eine Blütenfalle lockt, in der von ihnen eine Bestäubung erwartet wird, bevor sie wieder freigelassen werden.

Fleischfresser

Schlauchpflanze, Sonnentau und die weithin bekannte Venusfliegenfalle haben Blüten, die bestäubende Insekten anlocken. Die unheilschwangeren Gewächse tun sich aber auch durch abgewandelte Blätter mit speziellen Mechanismen hervor, um ihre Gäste zu fangen und zu verdauen. Sie blühen in warmen, feuchten Sumpfgebieten, wo sie über ihre Wurzeln nicht ausreichend Nährstoffe aufnehmen können. Deshalb absorbieren sie Proteine und andere Substanzen aus den Insekten – möglicherweise aus eben jenen, die gerade ihre Blüten bestäubten.

Gemeiner Mord

ALOKASIE

Aus gutem Grund stehen Gärtner mit Schnecken auf Kriegsfuß, denn sie schädigen Pflanzen mehr, als ihnen zu nutzen. Die Zungen der Weichtiere, rau wie Sandpapier, können mit den tausenden winzigen Zähnen Laub- wie Blütenblätter gleichermaßen zugrunde richten. Schnecken bevorzugen feuchte Orte mit frischen, jungen Pflanzenschösslingen oder stark riechender, sich zersetzender Pflanzensubstanz. Die Blüten der Alokasie ermuntern Schnecken, sie in einer unheimlichen Abfolge von Ereignissen zu bestäuben. Sie sondern nämlich einen Verwesungsgeruch aus, um die Schnecken mit vermeintlicher Nahrung zu betören. Kriecht eine Schnecke in die trichterförmige Blütenkammer, während diese in der männlichen Phase ist, wird sie mit Pollen überstäubt, findet aber nichts zum Fressen. Beim nächsten Versuch in einer anderen Blüte führt sie ihr schleimiger Weg hinab zu den weiblichen Teilen, dort beginnt sie zu weiden. Die Blüte reagiert darauf, indem sie eine brennende chemische Substanz (Oxalatkristalle) freisetzt. Die Schnecke krümmt sich vor Schmerz, schmiert dabei den Pollen von ihrem Leib herunter und befruchtet die Blüte in ihrer Agonie. Wohl nie wieder wird sie eine andere Alokasie besuchen, doch die Zukunft dieser einen ist gesichert. Nur wenige Pflanzen lassen sich so kurz und bündig mit Schnecken ein, Schnecken sind denn auch als Bestäuber nur unbedeutend. Es gibt Gärtner, die die Alokasie um ihren Erfolg beneiden.

Links: Alokasie
Rechts: Schlauchpflanze

SEIDENPFLANZE

Wir halten Blütenpflanzen gerne für unschuldige Wesen. Gewächse aber, die nicht mit allen Mitteln um ihr Überleben gekämpft haben, sind lange ausgestorben. Die Seidenpflanze ist eine hübsche Kübelpflanze mit glanzvollem, doch gefährlichem Flor. Die Blüten locken mit fünf Nektarien viele Insekten an, darunter Bienen und Schmetterlinge. Beim Trinken aus den Nektarbechern rutschen ihre Beine manchmal in Schlitze der Staubgefäße. Anstelle von pudrigem Pollen haben Seidenpflanzen ein Paar klebrige, durch ein dünnes Band verbundene Pollenpakete. Diese Pollinien heften sich an die Gliedmaßen oder Zungen der eingedrungenen Insekten. Fliegen die Tiere zur nächsten Blüte, bleiben sie wieder in den Schlitzen stecken und drücken dabei den Pollen gegen die Narben.

Seidenpflanzenblüten sind nur für Schwache und Unvorsichtige Fallen. Gelegentlich bleiben Insektenbeine oder Schmetterlingszungen in den Schlitzen gefesselt. Sind die Tiere nicht stark genug, um sich zu befreien, bleiben sie gefangen, bis sie sterben. Unbeirrt durch den Mord machen sich die Blüten an die Fortpflanzung ihrer Art. Umgekehrt sind Seidenpflanzen hilflos, wenn ihre Blüten nicht durch Insekten bestäubt werden, weil sie dies nicht selber können. Sie blühen tagelang, während sie auf einen Partner (oder ein Opfer) warten.

Robert Heapes

Povy Kendal Atchison

Dissection by Dr. Nancy Style/Povy Kendal Atchisonr

SEEROSEN

Seerosen sind überaus liebenswert. Man mag kaum glauben, dass einige von ihnen des Mordes aus sexuellen Gründen angeklagt werden könnten. Eine tags blühende Seerose ist zuerst weiblich. Ihr Duft lockt Heerscharen von Insekten an, einige davon bringen bereits Pollen anderer Seerosen mit. In der schlüpfrigen Blüte gleiten sie oft zum Boden herab, wo sie in einem Nektarsee um die empfangsbereiten Narben ertrinken. Die Seerose schließt sich abends, am nächsten Tag entfaltet sie sich in der männlichen Phase. Die Staubgefäße strecken sich und bilden eine Plattform über dem Teich, auf der weitere Insekten landen. Nachdem sie mit Pollen bedeckt wurden, steht es ihnen frei, zu einer anderen jungen Seerosenblüte und zu einer neuen Chance zum Ertrinken zu fliegen.

Links: Monarchfalter an einer Seidenpflanze
Oben: Seerose am ersten und zweiten Tag ihrer Blüte
Unten: Halbierte Seerosenblüte mit gefangenen Insekten

Betrügerische Werbung und Pseudokopulation

Alle sind wir schon auf Lockvogelwerbung hereingefallen und es ist nur ein schwacher Trost, dass Insekten ebenso leichtgläubig sind wie wir. Tausende von Orchideenarten haben sich darauf spezialisiert, jeden von uns zu narren. Sie verschleiern ihre sexuellen Dringlichkeiten mit raffinierten Formen und Techniken, nur selten sind sie das, für was man sie hält. Orchideen bilden eine vielgestaltige Pflanzenfamilie, jede Art wird durch ein bestimmtes Insekt bestäubt, von dem sie wiederum vollständig abhängig ist. Die meisten Orchideen können sich nicht selbst befruchten, deshalb stehen ihre Blüten in Erwartung eines Kavaliers meist sehr lange in Flor. Manche Orchideen bestechen Bestäuber mit Nektar. Ragwurzen und andere mimen weibliche Insekten, vor allem Bienen oder Wespen, und locken Männchen mit den Düften liebesbereiter Weibchen an. Ihre Kronblätter sind zu passablen Fälschungen von Weibchen umgebildet, ihre Texturen stimulieren den männlichen Sexualdrang. Das Insekt meint – wenn auch nur für eine begrenzte Zeit – einen willigen Partner gefunden zu haben und führt entschlossen Kopulationsbewegungen aus. Botaniker nennen dies Pseudokopulation. Für eine Biene mag der Beischlaf pseudo bleiben, real ist der Sex hingegen für die Orchidee, die einerseits Pollen einer anderen Blüte geliefert bekommt, andererseits ihren Blütenstaub zur Auslieferung einem lüsternen Insekt auflädt. Die List wirkt bestens, und nachdem das Insekt nicht völlig befriedigt wurde, fliegt es enthusiastisch zur nächsten Erfolg versprechend aussehenden Orchidee. Einige Arten unter den Schwielenorchideen treiben ebenfalls ein vollendetes Doppelspiel: flattern ihre Blüten in einer Brise, sehen sie wie bestimmte Bienenmännchen aus. Dies reizt andere Bienen, ihr Territorium zu verteidigen, bei den Attacken auf die Blüten werden die Orchideen bestäubt. Leicht kann man Mitleid mit den von den Orchideen düpierten und hypnotisierten Insekten bekommen, allerdings gibt es auch Entschädigung dafür. Neben Pseudosex und Nektar bieten viele Orchideen schmackhafte Pollenimitationen in ihren unteren Lippen sowie erotisierende Düfte und Öle an, die Insekten für ihr eigenes Liebeswerben sammeln.

Die männlichen und weiblichen Teile von Orchideen sind nicht wie bei vielen anderen Blüten lang gestielt, sondern eher wie Stummel einer einzigen Säule angeschweißt. Liebestollen Freiern werden nach allen Regeln meisterhafter Täuschungskünste ein Paar Pollenpakete (Pollinien) angeheftet. Deren Übertragung muss sehr präzise erfolgen, um die einzige Chance nicht zu vertun.

Die Mehrheit der Orchideen wächst in den fernen Tropen und nicht in hiesigen Gärten, weshalb auch nur wenige ihrer Bestäuber hier leben. Weil sich viele Orchideen leicht untereinander kreuzen lassen, befassen sich Züchter rund um die Welt mit ihnen, sie spielen quasi Insekten und bringen jedes Jahr neue Hybriden hervor.

Rechts oben: Schwielenorchideen, deren Blüten eine weibliche Biene darstellen, werden von männlichen Bienen beim Versuch der Paarung bestäubt.
Rechts unten: Diese südamerikanische Orchidee narrt Fliegen.
Ganz rechts: Durch ihre Ähnlichkeit mit einer weiblichen Langhornbiene lockt diese Ragwurzart männliche Bienen an.

Orchid photos by Charles Marden Fitch

6 BLÜTENKAVALIERE

Bienen tun es

Die meisten Insekten unterhalten enge Beziehungen zu Pflanzen, sie ernähren sich von lebenden oder abgestorbenen Gewächsen und wohnen darin. Bienen sind etwas Besonderes, sie sind die nützlichsten Insekten für Gärten wie Gärtner. Die vielen tausend Bienenarten können in zwei Gruppen eingeteilt werden: gesellig lebende Bienen, die domestiziert oder wild zu Staaten vereint sind, sowie Solitärbienen, die meist allein leben. So sehr Blütenpflanzen und Bienen auch aufeinander angewiesen sind, sie nutzen sich dennoch gegenseitig schamlos aus. Menschen bedienen sich der ahnungslosen Bienen ebenfalls. In vielen Teilen der Welt sind domestizierte Honigbienen überaus bedeutsam für Gartenkultur und Landwirtschaft. Sie bestäuben Pflanzen, indem sie an jedem warmen Tag aus unzähligen Blüten Futter sammeln, um ihre Kolonien zu ernähren und Honig für den Winter einzulagern. Sie sind die einzigen Insekten, deren Energien wir uns für Nahrungsmittel, zur Bestäubung und zu unserem Profit nutzbar machen.

HONIGBIENEN

Honigbienen leben in streng und komplex organisierten Gesellschaften. Ein Bienenstaat kann mehr als 50 000 Bienen umfassen. Das Bienenvolk hat gewöhnlich eine erwachsene Königin, die im Frühjahr und Sommer Eier legt, während sie im Stock von Arbeitsbienen gefüttert und gepflegt wird. Die einzige Aufgabe der männlichen Bienen, der Drohnen, ist, sich mit der Königin zu paaren. Nur der beste ist erfolgreich und sorgt für einen gesunden, neuen Schwung Bienen. Fast alle Bienen eines Staats sind jungfräuliche Arbeiterinnen. Durch die betäubenden Pheromone ihrer Königin fügsam gemacht und durch ihre unreifen Ovarien und fehlenden Sexappeal von den Drohnen ignoriert, arbeiten sich manche von diesen Bienenweibchen in ungefähr sechs Wochen zu Tode. Aus den Eiern der Bienenkönigin schlüpfen Larven, die in ihren Wabenzellen sehr schnell wachsen, bis sie sich verpuppen, also in einen Ruhezustand verfallen, in dem sie sich in junge, erwachsene Bienen verwandeln.

Gartenblumen, die von Bienen bestäubt werden

Rob Proctor

BIENEN AUF FUTTERSUCHE

Honigbienen, die wir im Garten sehen, sind Arbeiterinnen, die entweder Blüten auskundschaften oder Nektar und Honig suchen. Kundschafterinnen verlassen den Stock früh morgens. Auf ihren Flügen prüfen sie kurz den Zustand neu geöffneter Blüten. Finden sie geeignete Blumen, kehren sie in den Stock zurück und führen einen Tanz vor, mit dem sie den Sammlerinnen Fundort und Duft dieser Blüten mitteilen.

Die Sammlerinnen werden mit Farbe, Duft und Gestalt bestimmter Blüten rasch vertraut. Mit nur wenig Übung können sie von diesen bald sehr ergiebig Futter eintragen. Haben sie erst einmal eine gute Nahrungsquelle gefunden, bleiben sie dem Blütentyp treu und sammeln so lange davon, bis die Vorräte erschöpft sind.

BIENEN BEIM SAMMELN

Bienen neigen dazu, zum Futtersammeln nur kurz in jeder Blüte zu verharren. Sammeln sie Nektar, klettern sie in die Blüte und krallen sich mit einigen ihrer sechs Beine fest. Sie führen ihren röhrenförmigen Rüssel in die Nektarbehälter ein und saugen mit ihrer nicht allzu langen, etwa 6 mm messenden Zunge die Flüssigkeit auf. Ein wenig davon nutzen sie selbst zur Ernährung, der überwiegende Rest wandert in ihren Nektar- oder Honigmagen.

Beim Pollensammeln schwirren Bienen emsig um offene Schalenblüten, etwa von Anemonen, Rosen und Mohn, nehmen den Blütenstaub mit ihrem vorderen Beinpaar auf, streifen ihn mit den Hinterbeinen ab und verstauen ihn in sog. Höschen. An den Hinterbeinen befinden sich nämlich behaarte Einbuchtungen, die wie gelbe Pumphosen wirken, wenn sie voller Pollen sind. Diese sind den verschiedenen Anforderungen angepasst. Die Haare in den Höschen variieren je nach Art des Pollens, den die Biene gewöhnlich einsammelt. Bei Bienen, die vor allem Blüten mit staubfeinem Pollen aufsuchen, sind die Haare dicht verwoben, während sie bei solchen, die klebrigen Blütenstaub sammeln, nur locker stehen. Außerdem haben Bienen Kämme an ihren Beinen, mit denen sie losen Pollen von ihren Körpern abstreifen und in die Höschen packen können. Wenn den Bienen auch nachgesagt wird, sie seien sich ihrer Rolle beim Zeugungsakt mit Pflanzen nicht bewusst, sichern ihre unermüdlichen Blütenbesuche immer neue Pflanzen für nachfolgende Bienengenerationen – und diese Pflanzen sorgen dafür, dass jene Bienen ihre Brut füttern und genügend Vorräte für den Winter lagern können. Wahrlich eine überaus innige Liaison.

ZURÜCK IM STOCK

Honigbienen arbeiten sehr gewissenhaft. Wenn sie voll beladen sind, bummeln sie nicht herum, sondern fliegen schnurstracks zu ihrem Stock zurück. Bienen auf einer geradlinigen Flugbahn sind in der Regel auf dem Heimweg. Sie können nahezu ihr eigenes Gewicht tragen, manchmal scheinen sie derart überladen, dass sie kaum starten können. Ohne je einen Moment zu verschwenden, packen sie sich auf ihren Flügen Pollen in ihre Höschen. Zurück im Stock wird der Pollen aus den Höschen geleert und zur Herstellung von »Bienenbrot« beiseite geschafft. Nektar wird aus dem Honigmagen wieder ausgespien und in Honigwaben gelagert. Ist der Honig gereift, verschließen die Bienen die Zellen mit Wachsdeckeln. Honigbienen haben Drüsen in ihren Körpern, mit denen sie Nektar in flüssiges Wachs umwandeln können. Dies scheiden sie an ihren Körperunterseiten aus und verteilen es mit Spornen an den Beinen, bevor es an der Luft härtet. All diese Arbeit muss enorm erschöpfend sein. Während der warmen Monate aber legt die Bienenkönigin unablässig Eier, so dass stetig neue Larven heranwachsen, um die ausgebrannten Arbeiterinnen zu ersetzen. Frisch geschlüpfte Bienen lernen ihre Aufgaben von älteren Arbeiterinnen.

Honigbienen lieben blaue und gelbe Blumen

Oben: Salbei und Iris
Unten: Dahlie

Hummel auf Besuch beim Muskatellersalbei

HUMMELN ZEIGEN POTENZ

Honigbienen spielen bei der Bestäubung von Blütenpflanzen zwar eine herausragende Rolle, die sie vor allem durch intensive Imkerei bekamen, neben ihnen sind aber auch viele andere Bienenarten bedeutsame Bestäuber, insbesondere für heimische Wildpflanzen, von denen viele in unseren Gärten wachsen, sowie für Gartenblumen, an die sich diese Bienen angepasst haben. So sind viele dicke, pelzige Hummelarten aus mehreren Gründen hervorragende Blütenbestäuber: Ihre dicht behaarten Körper fangen Mengen von Pollen ein, sie sind stark genug, um sich ihren Zutritt zu vielen Blüten zu erzwingen, und sie können umfangreiche Pollenladungen in ihren Höschen tragen. Außerdem sind ihre Zungen länger als die der meisten anderen Bienen, wodurch sie tiefer in Blüten eintauchen können. Und schließlich können sie in höheren Lagen, in raueren Gegenden und zu kühleren Zeiten als andere Insekten Futter sammeln.

Hummeln verfügen zudem über die einzigartige Fähigkeit, durch Muskelvibrationen Blüten erzittern zu lassen, die dann Wolken reifen, pudrigen Pollens verstäuben. Einige Gewächse geben ihren Pollen nur frei, wenn sie von Hummeln erschüttert werden.

HUMMELLEBEN

Hummeln leben entweder allein oder in kleinen Völkern mit bis zu 400 Mitgliedern. Die Königin wird normalerweise im Herbst begattet, überwintert und legt im Frühjahr ihre Eier in ein altes Mäusenest oder ähnliche Wiesenstellen. Anfangs führt sie alle Arbeiten allein aus, baut Wachswaben und sammelt Pollen und Nektar. Sobald junge Hummeln geschlüpft sind, übernehmen sie die Blütenbesuche, so dass sich die Königin ganz der Eiablage widmen kann.

Hummeln verständigen sich untereinander nicht wie Honigbienen mit Tänzen, außerdem suchen sie in vielerlei Blüten nach Futter. Dralle, röhrenförmige Blüten wie die von Fingerhut oder Glockenblumen sind bestens an Hummeln angepasst und daher auch von Hummeln favorisiert. Hummeln lassen sich nicht domestizieren. Sie mögen es nicht, woanders hingebracht zu werden, und gedeihen nur in naturnahen Gebieten.

ANDERE WILDBIENEN

Daneben gibt es noch viele andere, weniger bekannte Bienenarten. Jede dieser Bienen hat ihren Lebenszyklus auf bestimmte Sorten von Blüten abgestimmt und tritt nur in Erscheinung, wenn »ihre« Blüten in Flor stehen. Eine dieser Spezies ist die Blattschneiderbiene, die aus Laubblättern Stücke herausschneidet, mit denen sie ihr Nest baut. Ganz speziell liebt sie Rosen. Gärtner entdecken in Rosenblättern bisweilen markstückgroße Löcher – Ergebnis der Blattschneiderei. Der Schaden ist aber gewöhnlich nicht von Bedeutung, zum Ausgleich wird eine kostenlose Bestäubung ausgeführt.

DIEBSTAHL!

Es gibt Momente, da wollen Bienen ihre Köpfe nicht in Blüten stecken, keines von explodierenden Staubgefäßen übergezogen bekommen und auch nicht von Pollen bestäubt werden. Dann beißen die Bienen seitlich Löcher in Röhrenblüten, um an den Nektar zu gelangen, ohne dafür Liebesdienste ableisten zu müssen. Für die Pflanze ist dies ein Desaster. Nicht nur, dass die Bienen den Nektar stehlen, auch andere Insekten nutzen das Loch und erhöhen den Schaden.

Oben: Tagetes
Unten: Azaleen

Wespen …
werden »wespig«

Wespen sind aus mehreren Gründen unbeliebt, insbesondere im eigenen Garten. Sie sind bei weitem nicht so nützlich wie Bienen. In gemäßigten Klimaregionen sind Wespen Insekten des Sommers und stehen daher für eine Bestäubung von Frühjahrsblumen nicht zur Verfügung. Anders als Bienen ernähren sich Wespen von einer breiten Palette an Futter. Sie nutzen ihre starken Kiefer, um Spinnen und Insekten, darunter auch Bienen zu töten und diese als Eiweißnahrung an ihre Brut zu verfüttern. Wespen mögen aber auch Süßes, sie knabbern an reifen Früchten und suchen in Blüten nach Nektar. Obwohl Wespen Bestäuber sind, bleibt Pollen in ihrer Körperbehaarung nicht so leicht hängen, weil die Haare glatter sind als bei Bienen. Der Blütenstaub wird demnach auch nicht so zuverlässig übertragen.

Als Fleischliebhaber finden Wespen vor allem an unansehnlich gefärbten Blüten Gefallen, außerdem tauchen sie nicht tief in Blüten ein. Blüten wie die der Sumpfwurz oder die düsteren der Knotigen Braunwurz wirken auf Wespen geradezu unwiderstehlich.

Links: Hummel auf einer Tithonie
Oben: Zierlauch mit Glöckchenblüten
Unten: Bartfaden

Tote Wespen sind die einzigen Wespen, die einige Leute in ihren Gärten dulden.

Schmetterlinge ...
Flatterhafte Liebhaber

Gärtner weiden sich gerne am Anblick eines Schmetterlings, der auf einer Blüte gaukelt. Schmetterlingsgärten sind en vogue, Sträucher, Stauden und Sommerblumen, die Schmetterlinge anlocken, beliebte Pflanzen. Viele Schmetterlinge bedeuten viele Raupen, doch sollte man gegen diese keine Insektizide einsetzen, denn es bedeutet auch vermehrte Blütenbestäubung.

Schmetterlinge haben einige Eigenschaften, durch die sie zu ganz besonders geeigneten Pflanzenpartnern werden. Sie lieben sonnige, geschützte Stellen, wo sie während des Tages herumfliegen und Nektar trinken können. Sie können Farben erkennen, haben einen exzellenten Geruchssinn und sammeln mit einem Paar empfindlicher Fühler Informationen. Zum Trinken müssen sie landen, deshalb bevorzugen sie flach ausgebreitete Blüten in offenen Lagen. Tief ins Innere der Blüten gelangen sie, indem sie ihre dünnen, hohlen Zungen, die mindestens so lang wie ihre Körper sind, ausrollen.

Rechts: Eine Auswahl von Schmetterlingsblumen mit einem Schwalbenschwanz
Links: Weitere Sommerblüher, die Schmetterlinge lieben

Schmetterlinge sind für viele Vögel Beute, sie müssen daher ständig wachsam sein. Mit ihrem gaukelnden Flug sind sie nur schwer zu erwischen, zudem sind sie zu vorsichtig, als dass sie unter Blättern oder in glockenförmigen Blüten nach Futter suchen, wo sie keinen Rundumblick haben. Häufig naschen sie in Blüten, die ähnlich wie sie selbst gefärbt sind und eine gute Tarnung ergeben. Außerdem falten sie ihre Flügel in Ruhestellung nach oben zusammen, wodurch sie Räubern weniger auffallen.

Oben: Dieser Schmetterling ist auf einer Blüte der Brennenden Liebe gut getarnt.
Links: Ein Schmetterling entrollt seine Zunge, um sie in die Tiefe einer Wandelröschenblüte zu tauchen.

Blumen, die Schmetterlinge lieben

Schmetterlinge mögen den frischen Duft gerade erblühter Blumen. Sie bevorzugen leuchtende Farben, können aber an Blüten jeglicher Tönung gefunden werden. Sie gelten als nicht besonders klug, deshalb haben viele Falterblumen auch Furchen, in denen die langen Zungen zum Nektar hingeführt werden.

Zu den farbenprächtigen Gartenblumen, die Schmetterlinge anlocken, gehören leuchtende Korbblütler wie Zinnien, Tithonien und Ringelblumen, Arten mit üppigen, dichten Blütenständen aus winzigen Einzelblüten wie Schmetterlingsflieder, Seidenpflanze, Prachtscharte, Indianernessel und Verbenen, Pflanzen mit langen, schmalen Röhrenblüten (zu schmal, als dass Bienen hineinklettern könnten) und mit weit ausgebreiteten Kronblättern wie Ziertabak, Phlox und Fleißige Lieschen, auf denen die Falter landen können, und schließlich einige blühende Kräuter wie Minzen und Ysop.

Hängeverbenen bieten Schmetterlingen eine perfekte Landeplattform.

Bezaubernde Abendstunden … Nachtfalter

Wer will schon Motten im Garten haben? Sie haben nicht das romantische Image von Tagfaltern, mit ihnen assoziieren viele zerfressene Kleidung und setzen sie zudem oft mit allen Nachtfaltern gleich. Doch das ist eigentlich unfair. Ein Garten in einer lauen Sommernacht, erfüllt von mondbleichen Duftpflanzen und fahler, flaumiger Falter oder Motten kann voller erotischer Ausstrahlung sein. Und nektarschlürfende Nachtfalter sind hervorragende Blütenbestäuber.

Der Hauptunterschied zwischen Nacht- und Tagfaltern besteht darin, dass sie zu verschiedenen Zeiten aktiv sind. Nachtfalter, unter denen es auch ein paar tagaktive gibt, sind meistens dick und haarig, tragen fedrige Fühler, schweben während der Nahrungsaufnahme und lassen ihre Flügel auch während einer Rast ausgebreitet.

Blüten, die zur Bestäubung Nachtfalter umwerben, zeigen einige Gemeinsamkeiten: Sie entfalten sich in der Dämmerung und bleiben die ganze Nacht offen, quellen vor Nektar schier über, schimmern im Dunkeln in weißen oder pastelligen Farben und duften süß. Bisweilen haben sie Duftfährten, die an ihren Geschlechtsorganen vorbei zu den Nektarien leiten. Zu ihnen gehören Gartenblumen wie Nachtkerzen, Engelstrompeten, einige Tabak- und Geißblattarten.

Rob Proctor

Oben: Die Nachtkerze ist eine typische Blütenpflanze, die von Nachtfaltern aufgesucht wird.
Links: Gartenblumen, die Nachtfalter zu Partnern wählen

Moth illustration by Frances C. Mishler

Taubenschwänzchen

Unter den vielen Nachtfaltern weckt insbesondere einer die Aufmerksamkeit von Pflanzen wie Gärtnern, das Taubenschwänzchen. Es ist nämlich tagaktiv und erscheint einem Kolibri so ähnlich, dass es nur schwer von einem echten Vogel zu unterscheiden ist.

Das Gebaren des Taubenschwänzchen – mit rasch schwirrenden Flügeln zu einer Blüte vor- und wieder zurückschnellend – ist eine bemerkenswerte schauspielerische Leistung. Der Schwärmer sucht tagsüber nach Nahrung und bevorzugt schillernd gefärbte, trompetenförmige Blüten wie die der Kapuzinerkresse, genau wie es Kolibris tun.

Links: Taubenschwänzchen, das zum offenen Schlund einer Kapuzinerkresseblüte fliegt

Fliegen … gut für den minderwertigen Markt

Aus ästhetischer Sicht sind Fliegen oftmals abstoßend. Viele vermehren sich in Exkrementen und frequentieren verwesende tierische wie pflanzliche Substanz. Als Kindern hat man uns immer gesagt, dass Fliegen niemals ihre Hände und Füße waschen. Diese Vorstellung spricht für sich selbst. Es ist kaum zu glauben, dass irgendwer Vorteile daraus ziehen kann, manche Blüten aber tun dies wohl. Bestimmte Pflanzen ziehen Fliegen mit Blüten an, die schmutzig gefärbt, feucht, dunkel und übelriechend sind. Sie besetzen damit eine weitere Nische in der wettbewerbsorientierten Pflanzenwelt, bedienen einen spezialisierten Markt, der einige Fliegen, ja sogar Stechmücken und Käfer anspricht.

FAULIG RIECHENDE PFLANZEN

Düstere Farben und faulige Gerüche sagen dem Durchschnittsgärtner eigentlich kaum zu. Einige Pflanzen mit Fliegenblumen wie die Haselwurz werden jedoch wegen ihres schönen Laubs gezogen, ihre ungewöhnlichen Blüten bleiben dagegen fast unbemerkt. Nicht alle Fliegen ernähren sich von Nektar oder Pollen. Einige werden durch Gestank zu Blüten hingezogen, suchen dort nach Futter oder einem Platz zur Eiablage. Manche dieser Blumen ahmen Tiere nach, indem sie eine behaarte Öffnung haben.

Die Menge mit einem Sonderangebot zu locken, ist ein alter Trick auf dem Markt. Blüten tun dies ebenso. Fleckenmuster auf den Kronblättern täuschen vor, dass bereits ein ganzer Fliegenschwarm futtert, und ziehen damit noch mehr Fliegen an. Blüten, die Fliegen anlocken, stehen oft nur wenig über dem Boden, sind purpurn oder bräunlich gefärbt und getupft oder marmoriert. Manche besitzen große Öffnungen, in die mehrere Fliegen gleichzeitig passen.

Rob Proctor

Blüten mit Nektar, die Fliegen bevorzugen

Liebliche Fliegenblumen

Viel anziehender wirken Fliegen auf uns, die sich von Pollen und Nektar ernähren. Sie haben lange Zungen und bevorzugen besonders Korbblüten, deren Oberfläche der Sonne zugewandt und deren Einzelblütchen der geringen Größe vieler Fliegen angemessen ist. Hängende, glockenförmige Blüten werden dagegen ungern besucht.

Andere Fliegenarten mögen lieber offen dargebotenen Nektar, der nicht wie bei Korbblütlern versteckt ist. Manche Fliegenblumen sind winzig, pastellfarben oder blass grünlich getönt. Auch hier gibt es darunter Gewächse, die im Garten wegen ihres Laubs bewundert werden.

Die letzte Pflanzengruppe, die Fliegen als Bestäuber nutzt, hat schmale Röhrenblüten. Hierzu gehören Vergissmeinnicht, Meerlavendel, Thymian, Sauerklee, Lungenkraut, Kleines Immergrün und Primeln.

Eine Welt ohne Fliegen kann man sich nur schwer vorstellen. Sie sind eine derart riesige, erfolgreiche Insektengruppe, dass es nicht verwundert, dass hunderte Blütenpflanzen auf der Welt sich dahingegen angepasst und entwickelt haben, eben diesen Insekten, denen es scheinbar niemals an etwas mangelt, zu gefallen und sie zu nutzen. Es bedarf eines erheblichen Aufwands, eine Blüte hervorzubringen, die groß und anziehend genug für eine Biene, einen Vogel oder eine Fledermaus ist. Die Bildung kleiner Blüten mit geringen Nektarmengen, die schlichte kleine Fliegen anlocken, aber denselben Sex vollziehen, ist eine rationelle Strategie in einer unberechenbaren Welt.

Ganz oben: Islandmohn
Darunter: Meerkohl
Darunter: Hornkraut
Ganz unten: Hartriegel

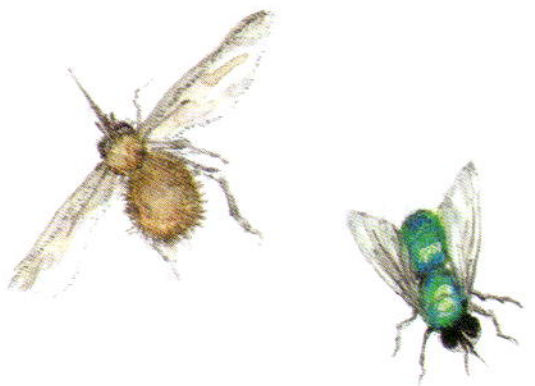

Absolut zuverlässig … Käfer

Fossile Funde beweisen, dass Käfer eine der ältesten Insektenformen sind.Sie verlassen sich auf eine harte Außenhaut, um sich vor Räubern zu schützen. Anstatt bei Gefahr aufzufliegen wie Schmetterlinge, verharren Käfer in einer Blüte, krabbeln dort herum, fressen oder paaren sich sogar mit einem anderen Käfer.

Die meisten Käfer können keine Farben wahrnehmen, sondern nur helle und dunkle Schattierungen, daher sind die von ihnen besuchten Blüten oft weiß. Käferblumen sind zudem robust, so dass sie eine raue Behandlung überstehen, und ihre Fruchtknoten liegen gewöhnlich unter dem Blütenboden, wo sie gefräßige Käfer kaum vertilgen können. Käfer verfügen aber über einen guten Geruchssinn, die Blüten duften deshalb. Manche Käfer sind Aasfresser und ernähren sich von verwesendem Material, man kann sie deswegen in Blüten finden, die ein solches Milieu imitieren.

Andere Arten sind Pollenfresser. Blüten, die bei der Bestäubung auf sie vertrauen, haben meist klebrigen Pollen, der beim Fressen leicht an den glänzenden Körpern hängen bleibt und zu weiblichen Blütenteilen übertragen werden kann, wenn der Käfer über andere Blüten stolpert. Die Blüten von Kartoffeln, Holunder, Mohn und Rosen produzieren Pollen in Hülle und Fülle.

Wieder eine andere Gruppe von Käfern trinkt Nektar, einige Arten haben speziell angepasste Mundwerkzeuge, damit sie ihn auflecken können. Die altertümliche Gruppe der Käfer mag nicht so intelligent oder hochentwickelt sein wie neuzeitlichere Insekten, aber die Tatsache, dass sie für Millionen Jahre überlebt haben, zeigt, wie erfolgreich sie sind und welch verlässliche Partner sie für manche Pflanzen darstellen.

Links: Rosafarbene Malve Rechts: Schafgarbe

Oben: Zinnie
Unten: Bärlauch

Süße Pein … Ameisen

Einige wenige Pflanzen pflegen Beziehungen zu Ameisen, allerdings sind diese oft nicht gerade sanft zu den Blüten und daher als Bestäuber auch nur wenig beliebt. Stattdessen werden sie von Pflanzen als Wachen benutzt und dafür mit Nektar belohnt. Ameisen lieben Nektar, er wird von flügellosen Arbeiterinnen eingesammelt.

Manche Pflanzen nutzen den Nektarbedarf der Ameisen zu ihrem Vorteil, indem sie spezielle Nektarbehälter bilden, wohl entfernt von den Geschlechtsorganen, aber doch erreichbar für die Arbeiterameisen. Bei einigen Wicken liegen diese Nektarien in Nebenblättern, Lorbeerkirschen haben sie auf den Blattspreiten, die davon klebrig werden. Die Ameisen wiederum verteidigen grimmig ihre Futterquelle mit Bissen und Stichen und schrecken räuberische Bienen wie andere Insekten ab, die Nektar stehlen wollen, ohne die Blüte zu bestäuben.

Andere Pflanzen haben Barrieren entwickelt, um marodierende Ameisen von ihren Blüten fernzuhalten. Bisweilen besteht diese Barriere aus am Stängel kreuzweise gegenüber stehenden Blätterpaaren, die in der Mitte miteinander verwachsen sind. Darin sammelt sich Regen oder Tau und es entstehen sozusagen Wassergräben, die Ameisen nicht überwinden können. Andere Gewächse haben klebrige Triebe, die Ameisen abhalten hinaufzuklettern.

Ein paar niedrig wachsende Pflanzen mit unauffälligen Blüten und ohne ausreichendem Nektarangebot für Bienen haben sich daran angepasst, Ameisen im Gegenzug für ihre Bestäubung die Nektarentnahme zu erlauben. Diese wachsen in Wüsten, wo Arbeiterameisen von Blüte zu Blüte krabbeln und dabei zufällig Pollen übertragen.

Liebesspiele mit Vögeln

Es bedurfte vieler Jahrtausende, bis manche Pflanzen lernten, wie sie Vögel zur Befriedigung ihrer sexuellen Bedürfnisse anlocken können. Ebenso haben sich ein paar Vögel daran angepasst, Blüten als Hauptnahrungsquelle zu nutzen. Pflanzen wie Vögel haben sich während der Entwicklung aufeinander abgestimmt. Die Pflanzen bringen besondere Blüten hervor, die sich von insektenbestäubten Arten unterscheiden, und die Vögel heben sich beispielweise von Samen- oder Beerenfressern ab.

KOLIBRIS

Kolibris ernähren sich von zuckerreichem Nektar und proteinhaltigen Insekten, um ihren extrem hohen Stoffwechsel in Gang zu halten. Sie müssen jeden Tag etwa die Hälfte ihres Gewichts zu sich nehmen, ihr Leben hängt daher stark vom Angebot blühender Pflanzen ab. Nahezu alle der etwa 300 Arten sind in Süd- und Mittelamerika heimisch, nur ein paar davon ziehen jedes Frühjahr nordwärts und folgen dem erwachenden Blütenflor nach Nordamerika. Kolibris haben nur einen unterentwickelten Geruchssinn, sie erkennen die Blüten, die sie brauchen, zuerst an deren leuchtenden Farben, vor allem Rot. Davon fühlen sie sich magisch angezogen und probieren alle roten Gegenstände aus, ob sie nicht Nahrung spenden.

Kolibris nehmen ihre Nahrung im Flug auf und verfügen über die Kunst, in alle Richtungen zu fliegen, auch rückwärts. Dadurch ist es ihnen ein Leichtes, in eine Blüte hinaufzufliegen, ihren Schnabel ins Innere zu tauchen und mit ihrer sehr langen Zunge Nektar aufzulecken, bevor sie schon nach ungefähr eineinhalb Sekunden wieder zurückschnellen, hinuntersinken und diagonal in die nächste Blüte hinauffliegen.

Rob Proctor

Links: Kolibriblumen

Blüten, die Kolibris anziehen, zeigen in der Regel folgende Merkmale: Sie öffnen sich während des Tags, bieten reichlich Nektar und sind leuchtend rot gefärbt, obwohl auch andere knallige Farben angenommen werden. Die Blüten duften nicht und bieten keine Landezone, sie stehen seitlich oder abwärts gerichtet mit Freiraum für den Anflug der Vögel. Außerdem müssen die Blüten ziemlich robust sein, um wiederholten Vogelbesuchen standzuhalten, mittelgroße bis große Ausmaße haben und für mehrere Tage offen bleiben.

Wendy Shattill

Links: Kolibri an einer Kaktusblüte
Rechts: Montbretie

Kolibriblumen

Unter den Blütenpflanzen, die von Kolibris bestäubt werden, sind einige auch bei uns beliebt, und zwar als Zimmer- und Balkonschmuck sowie als Kübelpflanzen:

Schönmalve (Abutilon-Arten)
Inkablume (Alstroemeria aurantiaca)
Zimmerhafer (Billbergia nutans)
Trompetenblume (Campsis radicans)
Indisches Blumenrohr (Canna indica)
Engelstrompete (Datura)
Korallenstrauch (Erythrina crista-galli)
Weihnachtsstern (Euphorbia pulcherrima)
Ritterstern (Hippeastrum)
Weihnachtskaktus (Schlumbergera)

Diese wie die folgenden Kolibripflanzen, die selbst in unseren Gärten wachsen, halten Bienen und Wespen durch schmale Röhrenblüten oder tief in Spornen verborgenen Nektar aus ihren Blüten fern:

Bartfaden (Penstemon)
Kapuzinerkresse (Tropaeolum)
Fackellilie (Kniphofia uvaria)
Montbretie (Crocosmia)

Links: Kolibri an einer Fackellilie im Garten der Autorin
Rechts: Akelei

Andere, vorwiegend rot blühende Pflanzen verlocken zwar normalerweise Kolibris dazu, im Tausch für eine Nektargabe in ihren Blüten Staubgefäße und Narben zu streicheln, schließen jedoch Bienen nicht völlig vom Liebesbotendienst aus: Dazu gehören beispielsweise:

Bougainvillee (Bougainvillea)
Fuchsien (Fuchsia-Arten)
Purpurglöckchen (Heuchera)
Hibiskus (Hibiscus rosa-sinensis)
Spornbüchschen (Justicia brandegeana)
Wandelröschen (Lantana montevidensis)
Scharlachrote Lobelie (Lobelia cardinalis)
Indianernessel (Monarda didyma)
Sternwinde (Quamoclit)

Kolibrimännchen haben ein Revier und verteidigen ihr Territorium energisch gegenüber Rivalen. Dieses Verhalten könnte sich für Pflanzen, die eine Fremdbestäubung brauchen, abträglich auswirken. Allerdings haben die Vögel einen großen Nahrungsbedarf, und so sind gerade wegen ihrer begrenzten Flugreichweite zahlreiche Blütenbesuche gesichert, wodurch sich jeder Blüte mehr Gelegenheiten eröffnen, im rechten Moment bestäubt zu werden.

Bartfaden

Andere Wege der Bestäubung

Neben Kolibris bestäuben auch andere Vögel regelmäßig die Blüten bestimmter Pflanzen, allen voran die Nektarvögel Afrikas und Südostasiens sowie die Honigfresser in Australien. Viele Vögel suchen aber einfach in Blüten nach Insekten und in benachbarten, verblühten Blütenköpfen nach Samen. Dies mag die Fremdbestäubung der Pflanze nicht unbedingt fördern, bietet aber zusätzliche Chancen dafür.

Wild lebende Kolibris gibt es nur in Amerika. In anderen tropischen und subtropischen Gebieten der Welt gedeihen jedoch viele Pflanzen mit Blüten, die ebenfalls derb genug für Vogelbesuche sind. Einige bieten gleichsam einen Festschmaus aus Nektar und Pollen an, der mit angesammeltem Regenwasser heruntergespült wird. Die großen blau- und orangefarbenen Blüten der Strelitzie, die oft in exquisiten Blumenbuketts verwendet werden, verfügen über einen faszinierenden Mechanismus, der in ihrer Heimat Südafrika durch Vögel ausgelöst wird. Um an den Nektar in den orangefarbenen Blütenteilen zu gelangen, muss der Vogel sich auf einem blauen Segment niederlassen, in dem die Geschlechtsorgane verborgen sind. Durch das Gewicht des Vogels können sie sich aufrichten und stäuben Pollen auf den gefiederten Bauch, fertig zum Überbringen zur nächsten Strelitzie.

Einige australische Banksia- und südafrikanische Protea-Arten werden von Vögeln sowie von kleinen Säugetieren wie Beutelratten bestäubt. Sie haben Büschel großer Staubgefäße, die wie Bürsten hervorstoßen. Diese robusten Blüten halten sich wochenlang und sind deshalb als Vasen- und Kranzschmuck beliebt.

John Stone, Australia (both photos)

Links: In Australien bestäuben auch Beutelratten Blüten
Unten: Honigfresser auf prächtigen, australischen Banksienblüten

Sex im Dunkeln …
Fledermäuse

Allein der Gedanke an eine Berührung von Fledermäusen läßt viele erschauern. Mit Fledermäusen verbinden wir Gruselgeschichten und Vampire, keine prächtigen Blüten oder Sex. In Zentral- und Südamerika jedoch bestäuben Fledermäuse Blüten, z. B. von einigen Kakteenarten, wenn sie in deren Nektar schwelgen. Später im Sommer fressen sie die Früchte derselben Pflanzen, helfen, die Samen zu verbreiten und vervollständigen so den Fortpflanzungszyklus. Intimer als hier kann man kaum werden.

Fledermäuse fliegen und fressen nachts. Ihr Augenlicht und Farbensinn ist sehr wenig ausgeprägt, sie verlassen sich auf ihre äußerst empfindsamen Nasen, um geeignete Blüten zu finden. Wenn sie ihren pelzigen Kopf tief in große Blüten drücken, werden sie mit Blütenstaub überpudert. Fledermäuse benutzen ihre langen Zungen, um den Pollen von ihren Augen, Ohren und Nasen zu lecken, es bleibt jedoch reichlich übrig, der den nächsten Blüten überbracht werden kann.

Manche Kakteen haben als Fledermauspflanzen große, kräftige, blass gefärbte Blüten entwickelt, die sich nachts öffnen und kraftvoll duften, wenn die Fledermäuse auf Streifzug gehen. Sie produzieren große Mengen Nektar und Pollen, ihre vergrößerten weiblichen Teile sind flexibel genug, um dem Gewicht einer Fledermaus standzuhalten, ohne Schaden zu nehmen. Der Saguaro- oder Riesenkaktus sowie weitere große Kakteen werden alle von Fledermäusen bestäubt und treiben Blüten, die sich nachts öffnen. Oft bleiben die Blüten sogar noch bis in den nächsten Tag hinein offen, Vögel und Bienen erhalten so auch noch Gelegenheit zum Besuch. Fruchtet dies alles nicht, können sich die Kakteen selbst bestäuben. In der rauen Wüstenumgebung müssen sie sich eben viele Möglichkeiten offen halten. Aber nicht nur einige Kakteenarten können von Fledermäusen bestäubt werde. In diese Gruppe gehören auch andere Pflanzen wie z. B. die Glockenrebe, einige Bananen- und Agavenarten.

Fledermaus nascht an einer Kaktusblüte

Merlin D. Tuttle, Bat Conservation Society

7 VOM WINDE VERWEHT

Viele Pflanzen vertrauen bei der Bestäubung nicht auf Insekten oder andere Tiere, sondern überlassen es dem Wind, ihnen beim Sex behilflich zu sein. Dies hat eine Reihe von Vorteilen. Zum einen kümmert es den Wind nicht, wie die Blüten aussehen, noch erwartet er eine Belohnung für seine Dienste. Windbestäubte Pflanzen brauchen denn auch keine Energie aufzuwenden, um attraktive Kronblätter, betörende Düfte oder leckeren Nektar herzustellen. Zum zweiten muss nicht auf den richtigen Bestäuber gewartet werden. Solange eine Brise weht, kann der Sex 24 Stunden am Tag stattfinden. Aber wer sich bei der Verbreitung seiner Pollen auf den Wind verlässt, hat keinerlei Garantie, dass irgend etwas davon am richtigen Ort ankommt. Deshalb werden ungeheure Mengen Blütenstaub freigesetzt, um die Chancen zu erhöhen, dass schließlich doch ein männliches Pollenkorn auf einer weiblichen Narbe landet.

In tropischen Dschungeln, wo tausende verschiedener Arten dicht beieinander wachsen und zahllose Insekten die Blüten das ganze Jahr hindurch bestäuben, gedeihen nur ein paar windbestäubte Pflanzen. Windbestäubung funktioniert am besten in kühlen und gemäßigten Klimaregionen, wo Pflanzen in ihrem natürlichen Umfeld meist in Gruppen wachsen und Blütenstaub mit guten Erfolgschancen von einer Pflanze zur anderen geblasen werden kann. Weil im Winter viele Insekten sterben und daher im zeitigen Frühjahr kaum Bestäuber zur Verfügung stehen, öffnen viele Laubbäume wie Ahorn, Eichen und Buchen unauffällige, kleine Blüten noch bevor zu viele Blätter ausgetrieben haben, die den vom Wind verwehten Pollen abhalten würden. Windbestäubte Bäume, Sträucher und Gräser werden vor allem wegen ihrer schönen Gestalt und ihres Laubschmucks im Garten gezogen, weniger aufgrund ihrer Blüten. Stehen Gräser in freier Natur kann der Wind ihren Blütenstaub ungehindert über die offene Landschaft blasen. Auch Pflanzen an den Meeresküsten sind oft windbestäubt. Sturm und Windböen lassen Insektenflug kaum zu, eine ganze Reihe von Gewächsen an den Küsten hat daher winzige Blüten entwickelt, deren Pollen die Strände entlang geweht wird.

Am Naturstandort wachsen Bäume derselben Art oft in Gruppen zusammen, um eine Fremdbestäubung von Baum zu Baum zu fördern. Beispielsweise wird Blütenstaub in Kiefernwäldern leicht durch den Wind übertragen. Koniferen wie Kiefern produzieren pfundweise ihren staubfeinen Pollen, der in gelben Wolken weggeweht wird. Im Frühsommer treibt er dann häufig als gelbe Schicht auf Gewässern und kann über viele Kilometer hinweg auch bis weit in Städte hinein gelangen. Bei feuchter Witterung geht der Blütenstaub dann oft als sogenannter Schwefelregen nieder.

DENN SIE WISSEN, WAS SIE TUN

Viele windbestäubte Blüten bestehen bloß aus schmucklosen Geschlechtsorganen, weil hübsche Kronblätter dem Pollen nur im Wege wären. Die Narben sind meist klebrig und/oder zur Vergrößerung der Oberfläche oft fiederartig und verästelt. Das stellt sicher, dass der einmal gelandete Pollen nicht wieder weggeblasen wird, bevor er einen Pollenschlauch zu den Fruchtknoten ausbilden konnte. Die Staubgefäße werden von dünnen Staubfäden getragen, an denen schon ein Windhauch leicht rütteln kann.

Wie bei tier- und insektenbestäubten Gewächsen gibt

es auch bei windbestäubten Pflanzen verschiedene sexuelle Ausrichtungen. Die meisten Gräser, Binsen und Simsen sind Hermaphroditen, in jedem Blütchen sitzen männliche und weibliche Teile eng beieinander. Um Selbstbefruchtung zu verhindern, verfügen sie über chemische oder physikalische Barrieren. Trotzdem können sich manche Gräser selbst bestäuben. Es bedarf nur eines Windstoßes, den Pollen aus einem Staubbeutel auf die Narbe knapp daneben zu schütteln. Windbestäubte Bäume wie Fichten, Kiefern, Erlen, Walnuss, Eichen und Buchen gehören zu einer anderen Kategorie. Sie tragen eigenständige männliche und weibliche Blüten am selben Baum. Gehölze wie Pappeln, Eiben und Wacholder haben an einem Baum männliche Blüten, die weiblichen an einem anderen. Zwei Pflanzen, eine von jedem Geschlecht, sind nötig, damit eine Befruchtung erfolgen kann.

Rob Proctor

Eine Trennung der Geschlechter verhindert eine Selbstbestäubung schon allein durch den räumlichen Abstand. Die feinen, sehr leichten und meist mit Luftsäcken ausgestatteten Pollenkörner der männlichen Blüten sammeln sich außerhalb der Staubgefäße oft in einer unterhalb gelegenen Hüllschuppe. So sinken sie nicht nutzlos zu Boden, sondern können von einer Brise erfasst und gleich in einer ganzen Wolke zu den empfangsbereiten Narben der weiblichen Blüten geblasen werden.

Links: Birken haben winzige, hüllenlose männliche Blüten, die dicht gedrängt in Kätzchen stehen – lange, baumelnde Blütenstände, die im Wind tanzen und ihren Pollen in die Luft stäuben. Die weiblichen Birkenblüten entfalten sich weiter unten an den Zweigen, um dort die Pollenkörner aufzufangen, die von einem anderen Baum oder aber direkt vom Kätzchen über ihnen kommen.
Oben: Windbestäubte Pflanzen

Sie tun es auf zweierlei Art

Manche Pflanzen werden teils durch Wind, teils durch Insekten bestäubt. Das mag sein, weil sie sich noch in ihrer Entwicklung befinden und noch immer an einen Bestäuber angepasst sind, den sie schon vor tausenden von Jahren nutzten. Von Binsengewächsen nimmt man an, dass sie ehedem durch Insekten bestäubt wurden, sie sind heute aber vorwiegend windblütig. Von Gartenblumen wie Wiesenrauten und Bäumen wie Linden wird vermutet, dass sie ihr Verhalten gerade umändern, gegenwärtig werden sie von Wind und Insekten gleichermaßen bestäubt. Beide haben kleine Blüten, allerdings mit markanten Staubgefäßen, die einerseits Insekten aufmerksam machen, andererseits aber auch vorteilhaft für eine Windbestäubung sind. Der Blütenstaub männlicher Weidenbüsche wird zwar hauptsächlich von Bienen gesammelt, aber auch vom Wind verblasen. Gartenpflanzen wie Wiesen- und Scheckenknöterich sind dergestalt ausgebildet, dass sie von Insekten bestäubt werden, sofern diese präsent sind, bei schlechter Witterung jedoch durch den Wind.

Links: Wiesenraute
Mitte: Weide
Rechts: Scheckenknöterich

Die Blüten der Rosskastanie werden teils vom Wind, teils von Insekten bestäubt.

In jeden Winkel verblasen

Wissenschaftliche Schätzungen ergaben, dass es auf jedem Quadratmeter Erde Millionen von Pollenkörnern gibt. Der meiste Blütenstaub wird nur über kurze Distanzen verweht, vielleicht einige Meter weit. Ein Teil davon wird mit Aufwinden jedoch in große Höhen getragen, sogar bis in die obersten Luftströmungen der Atmosphäre, wo er tausende von Kilometern weit reisen kann. Vom Wind verwehter Blütenstaub wurde sogar schon mitten auf dem Atlantischen Ozean gefunden. In hohen Luftschichten kann ultraviolette Strahlung den Pollen schädigen, manche Arten bleiben nicht mehr als ein paar Stunden funktionstüchtig. Die vor einiger Zeit entdeckten Löcher in der Ozonschicht lassen noch mehr ultraviolettes Licht hindurch. Dies ist nicht nur für Menschen gefährlich, sondern wird möglicherweise auch Pollenkörnern schaden.

8 DER MENSCH MISCHT SICH EIN

Der Mensch beeinflusst bereits seit einigen tausend Jahren das Geschlechtsleben von Tieren und Pflanzen, um diese seinen eigenen Bedürfnissen anzupassen. In jüngster Zeit hat sich das Tempo dieser Bestrebungen jedoch dramatisch beschleunigt. Künstliche Befruchtung und Genmanipulation gehört inzwischen in vielen landwirtschaftlichen Anstalten und Laboratorien zur Normalität, angetrieben vom Zwang, absatzfähige Produkte herzustellen, die dem Geschmack und den Vorlieben der Konsumenten entsprechen. Nahezu alle Pflanzengruppen sind davon betroffen.

Die Saatgutproduktion für Gartenkulturen gliedert sich in mehrere Schritte. Samenzüchtereien widmen sich der Auslese und gentechnischen Bearbeitung von Pflanzen und liefern ihre Erzeugnisse an Zwischenhändler, welche an Gärtnereien oder Saatguthändler verkaufen, die wiederum Einzelhändler beliefern, wo sich der Rest von uns bedienen kann. Beliebte Sommerblumen sind etwa

Fleißige Lieschen, Petunien, Pelargonien und Tagetes. Diese und andere Gewächse wie Stiefmütterchen, Primeln, Löwenmäulchen, Alpenveilchen, Nelken und Zinnien werden ständig durch eine Methode verbessert, die als Kreuzung oder Hybridisierung bekannt ist.

Hybriden entstehen als Ergebnis einer Befruchtung zwischen zwei äußerlich deutlich verschiedenen, aber doch sehr eng miteinander verwandten Pflanzen derselben Art. Die Sämlinge, die aus dieser Kreuzung hervorgehen, werden F_1-Hybriden genannt, und die Pflanzen, die daraus gezogen werden, können die besten Eigenschaften ihrer beiden Eltern in sich vereinigen, inclusive verbesserte Widerstandsfähigkeit gegenüber Krankheiten und Schädlingen. Die nächste Pflanzengeneration fällt jedoch oft nicht »treu«, d.h. ebenso geartet wie die erste aus. Um die wünschenswerten Qualitäten der Hybriden zu erhalten, muss man zur Elternlinie zurückkehren.

Die Züchtung von Hybriden ist eine langfristige Investition, denn es dauert mehrere Jahre, eine bestimmte Hybridform zu ziehen – von der Entwicklung der Idee bis zur vollen Produktion. Beim Samenproduzenten läuft dies meist so ab: Zuerst sammelt ein Forschungsteam die Beiträge von Hobbygärtnern und professionellen Züchtern und legt neue Züchtungsziele fest. Im zweiten Schritt werden Elternpflanzen aus einer sorgsam gehegten Sammlung genetischer Linien, von Wildtypen bis Forschungspflanzenmaterial, zur Kreuzung ausgewählt. Nachkommen dieser Eltern werden solange weiter kultiviert, bis man eine Population »treu fallender« oder nahezu identischer Pflanzen erhält, die Wissenschaftler zu Testkreuzungen benutzen, um neue Zuchtlinien auszulesen. Ein Züchter braucht ein geschultes Auge, Intuition, umfassende Kenntnisse der Genetik und ein bisschen Glück, um zu entscheiden, welche Elternlinien er für die Kreuzung zusammenbringt. Blütengröße, Gestalt und Saum der Kronblätter sind nur einige der gesuchten Qualitäten. Züchter nehmen

Mac Hartshorn

Bezaubernde Pflanzen und Leute spiegeln menschliche Vorlieben wider.

Kreuzungen auch vor, um gleich eine ganze Serie von Pflanzen mit neuen Farben zu produzieren. Ist einmal eine Pflanzenserie geschaffen, können relativ kurzfristig verschiedene Blütenfarben erzeugt werden. Dazu sind oft mehr als 100 Versuchskreuzungen erforderlich, die dann unter verschiedenen Bedingungen in mehreren Klimagebieten eingehend geprüft werden. Nur die Besten werden

Links: Diese charmanten Löwenmäulchen ohne die typischen »Mäuler« sind nicht dafür bestimmt, Nektar zu verbergen, sondern sollen das Publikum begeistern.
Oben: Diese exquisite Orchidee stammt von den Philippinen. Orchideen lassen sich leichter als andere Pflanzen kreuzen, deshalb bringen Liebhaber und Züchter ständig neue hervor, deren Eigenschaften auf derzeitige Moden und Vorlieben maßgeschneidert sind.

als »Experimentalhybriden« ausgesucht. Diese werden weiterhin geprüft und weiter ausgelesen, bis sich endlich die Hybride der ersten Wahl herauskristallisiert, die alle Kriterien des Züchters hinsichtlich Marktfähigkeit und Rentabilität in sich vereint. Dann wird die zuerst nur sehr geringe Samenproduktion erhöht, bis eine für die Vollproduktion ausreichende Ernte möglich ist.

Die zur Kreuzung vorgesehen Elternpflanzen werden unter kontrollierten Bedingungen in Gewächshäusern gezogen, in die sich kein Insekt einschleichen und unerwünschte Gene in die Pflanzen einbringen kann wie ein Straßenköter in eine Hundezucht. Häufig wird dies in Ländern mit ganzjährig günstigem Klima durchgeführt, etwa in Kenia, Chile, China oder mittelamerikanischen Staaten. Um eine Selbstbestäubung oder eine Vermischung von Pollen zu vermeiden, wird zweigeschlechtlichen Elternpflanzen entweder eine männliche oder eine weibliche Rolle aufgezwungen. Frische Blüten werden geöffnet und die männlichen Teile von geschickten Händen entfernt, also quasi entmannt. Die jetzt nur noch weiblichen Blüten werden danach mit dem Pollen bestäubt, den man für die Kreuzung ausgewählt hat. Der Vorgang variiert je nach Pflanzenart. In jedem Fall ist er sehr arbeitsaufwendig, auch die Wahl des richtigen Zeitpunkts ist entscheidend, weil die Narben mancher Blüten nur ein paar Stunden lang empfänglich sind. Petunien werden von Hand bestäubt, indem man winzige Bürsten verwendet. Bei Tagetes und Zinnien kommen Vakuumpistolen zum Einsatz. Für Stiefmütterchen bleibt kaum Gelegenheit für eine Romanze. Die männliche Elternpflanze wird abgepflückt und der weiblichen ins Gesicht gedrückt.

Die Menschen lieben lange haltbare, gefüllte Blüten wie die von Stockmalven und Rosen. Weil sich Insekten aber mit einem Besuch dieser Blüten schwer tun, bleiben sie lange im Flor und warten vergebens auf eine Bestäubung. Mit gefüllten Blüten warten hunderte von Garten- und Schnittblumen auf.

Oben: Stockmalve mit rosafarbenen Kronblättern, herausgeputzt wie ein Ballettröckchen
Unten: In der dicht gefüllten Rosenblüte finden Bestäuber wenig Platz.

Oben: Die goldenen, rot gesprenkelten Pantoffelblumen sind eine abwechslungsreiche Dekoration.
Unten: Atlasblumen zeigen ihre himmlische Schönheit in Gärten wie in Vasen.

Einer der vielen technischen Fortschritte in der Pflanzenzüchtungsindustrie ist die Erzeugung pillierter Samen. Jedes Samenkorn wird ummantelt und kann von Hand oder maschinell einzeln und akkurat ausgesät werden, man spart so Zeit und Geld. Versuche zeigen, dass bei manchen Arten der richtige Temperaturbereich und Feuchtigkeitsgehalt während der Lagerung des Saatguts für die Keimung entscheidend sind.

Großes Augenmerk richten Züchter gerade bei Balkonblumen derzeit auf Pflanzen, die sich rasch entwickeln, frühzeitig und vor allem lange blühen. Sie müssen einheitlich groß wachsen, widerstandsfähig und dicht buschig sein. Verschwenderisch blühende Pflanzen mit aufwärts gerichteten, großen, ausdrucksvollen Blüten sind bei der Kundschaft besonders beliebt. Aber auch zwergwüchsige und miniaturblütige Pflanzen werden für Töpfe und Ampeln immer bedeutsamer. Zukünftige Tendenzen bei der Pflanzenzüchtung werden auf weiter verbesserte Krankheitsresistenzen, geringeren Wasserbedarf und verminderten Einsatz von Pestiziden abzielen. Immer mehr Pflanzen werden geschlechtslos werden, keinen Pollen oder sich überall ausbreitenden Samen mehr bilden, was zwar für Leute mit Allergien großartig, für Bienen aber nicht so günstig ist. Pollenfreie Sonnenblumen sind bereits heiß begehrte Schnittblumen, und es wurden schon gefüllt blühende Sonnenblumen, die aufgeblüht wie abgeblüht hübsch aussehen, eingeführt. Auf der Wunschliste für das nächste Jahrhundert stehen Pflanzen, die unsere Haut weniger reizen, die nur ein Minimum an Pflege erfordern, und solche, die sich farblich in spezielle Arrangements harmonisch einfügen.

Während die industrielle Produktion vor allem in Holland, England, in den USA und in Japan erfolgt, fahren zahllose andere Züchter, botanische Gärten und engagierte Hobbygärtner fort, still und leise mit anderen Gartenpflanzen zu arbeiten. Regelmäßig stellen sie ganze

Kollektionen neuer Hybriden und neue Namen vor. Einige davon sind großartige Verbesserungen, viele wahre Schönheiten, ein paar auch nur hässlich. Fast alle Gartenpflanzen, die man heute bekommt, sind durch Kreuzungen entstanden. Ein paar vortreffliche Pflanzen sind verloren gegangen, jedoch entstehen jeden Tag mehr. Neuartige blaue Rosen, rosafarbene Narzissen und nach Schokolade duftende Blumen füllen die Gartenkataloge jährlich. Andere Pflanzenliebhaber interessieren sich wieder verstörkt ifür ihre unmittelbare Umgebung und züchten altbewährte Sorten und heimische Wildpflanzen, um Gartengewächse hervorzubringen, die dem regionalen Klima und den Bestäubern besser angepasst sind. Züchtung, gleich welcher Richtung, ist immer eine schöpferische Beschäftigung und Leute, die einmal Gefallen daran gefunden haben, verschreiben sich ihr meist ein Leben lang.

Gerberahybriden eroberten im letzten Jahrzehnt die Gärtnereien auf jedem Kontinent und verdienen ihren enormen Erfolg.

9 ABSCHIED VOM TRAUTEN HEIM

Soweit Pflanzen betroffen sind, dreht sich beim Sex im Garten alles um die erfolgreiche Produktion von Samen. Gärtner aller Kategorien ziehen ihre Pflanzen auf alle möglichen raffinierten Weisen nach. Exakt gleiche Nachkommen von bestehenden Pflanzen können durch Stecklinge, Pfropfung, Ableger und Teilung gewonnen werden. Pflanzen selbst können ihre Individuenzahl durch unter- und oberidische Ausläufer, Tochterzwiebeln und -knollen sowie Rhizome erhöhen. Bestimmte sukkulente Pflanzen wie etwa das Brutblatt verfügen über die vermutlich eigenartigste Methode: Kleine, rundliche Tochterpflanzen rollen von den Blättern der Elternpflanze hinweg und beginnen ein eigenständiges Leben.

Der häufigste Weg, eine andere Pflanze zu schaffen, ist jedoch die geschlechtliche Vermehrung, er verläuft über die Samen. Egal, ob sie von selbst- oder fremdbestäubten Gewächsen stammen, Samen und ihre Verbreitung sind so verschiedenartig und außergewöhnlich wie das Liebesleben der Pflanzen. Samen sind die Verbreitungseinheiten für die Gene, ihre effektive Ausbreitung ist entscheidend für die Entwicklung der Pflanzen. Diese bedienen sich zur Bestäubung zwar vor allem der Insekten, Wind und Wasser aber verbreiten die meisten Samen. Wenn es das Wetter zulässt, schweben zierliche Fallschirme aus feinen Haaren mit je einem Samen mancher Korbblütler durch die Luft. Sie schließen sich bei Regen und nach der Landung, wenn sie als empfindliches Transportmittel ausgedient haben. Samen mit papierartigen Flügeln, Luftsäcken und fedrigen Anhängseln werden zu neuen Stellen verweht oder weggeschwemmt.

Wie die Blüten pflegen auch viele Samen intime Beziehungen mit Tieren, indem sie ahnungslose Vögel oder Säugetiere als Fortbewegungsmittel nutzen. Schmackhafte Samen werden verzehrt und an anderen Orten wieder ausgeschieden. Andere heften sich mit Stacheln, Haken oder Haaren an Pelzen, Federn, Schnäbeln, Hufen oder schlammverschmierten Füßen fest. Idealerweise gelangen sie an einen etwas andersartigen Platz, wo immer die Möglichkeit besteht, dass die neue Pflanze besser gedeiht.

Es gibt Pflanzen, die auf ihre eigenen, explodierenden Fruchtknoten vertrauen, um ihre Gene ein paar Meter weiter zu schicken. Veilchen können ihre Kinder ungestüm wegwerfen. Rühr-mich-nicht-an, das sehr treffend benannt ist, schleudert seine Samen aus, sobald seine empfindsamen Kapseln berührt werden.

Die offensichtliche Naivität und Unschuld einer Blüte sowie ihre Unbeteiligtheit an den Problemen unserer Welt sind Teil ihrer Anziehungskraft auf Gärtner. Die Entdeckung, dass Pflanzen sich wie Menschen umwerben und miteinander konkurrieren, macht sie verständlicher und knüpft ein weiteres Band zu uns. Die Verbundenheit mit Pflanzen wird umso inniger, je mehr man begreift, wie sie samt ihren Partnern und ihrer Umwelt ein dynamisches und eng vernetztes System bilden. Mit Pflanzen teilen wir wie mit Tieren den Willen zum Leben, die Fähigkeit zur Anpassung und das Verlangen nach Fortpflanzung. Und wenn wir angesichts der Probleme der Zukunft ins Grübeln kommen, können wir Beistand und Auftrieb im nächsten Garten finden. Indem sie Sintfluten und Dürren trotzen und blühen, ob sie nun bestäubt werden oder nicht – Pflanzen sind unbeschreibliche Optimisten.

REGISTER

Halbfette Seitenzahlen bedeuten Haupteinträge.

T

V

W

Y/Z

EIN BLUMENSTRAUSS DES DANKES

In einem leeren Raum tut sich nicht viel, schon gar nicht was Sex und Bücher betrifft. Ich bin zu Dank verpflichtet und möchte mich gerne bedanken bei all den Freunden, Familienmitgliedern und Kollegen, die mir Wissen, Hilfe und Anregungen zukommen ließen. Einige Namen sollten im Rampenlicht stehen, andere unterstützten mich mit kleinen, aber äußerst wichtigen Beiträgen, gerade wenn ich sie brauchte. Mein Dank geht an (in alphabetischer Reihenfolge): Sibyl Bashor, Alexandra Elliott, Goldsmith Seeds, Evelyn Kaye, Ellice Keyes, Tweet Kimball, David Macke, Margaret Maupin, Marjorie McIntosh, David Miltz, Shirley Nelson, Charles Overy, Belinda Platts, Peta Poore, Rob Proctor, Beckie Smith, Lauren Springer, Linda Staley, Jeanne Stanwood, John Stone, Nancy Styler, Marcia Tatroe, Bryan Wright (Modell der Next Agency, Wien) und zwei nette Damen, die sich von mir am Bahnhof in Richmond fotografieren ließen. Vielen Dank auch den Künstlern und Fotografen für ihre großartigen Bilder sowie den freundlichen Leuten auf vier Kontinenten, die mich ihre Gärten fotografieren ließen. Dankbar bin ich auch allen Beschäftigten des Botanischen Gartens in Denver, insbesondere Panayoti Kelaidis, Paula Ogilvie, Joe Tomocik und Susan Eubank. Zuletzt Blumen der Anerkennung an Fulcrum Publishing, speziell an Charlotte und Robert Baron sowie Jay Staten. Es war eine Freude, mit ihnen zu arbeiten. Jedem Autor sollte das Glück zuteil werden, dass Fulcrum sein Buch veröffentlicht.

BILDNACHWEIS: Rob Proctor, 1, 3, 18, 47, 66, 79, 87, 90, 92, 96, 103; Panayoti Kelaidis, 72 und 73; Shirley Nelson, 10; S. Lowry/University of Ulster, 12; Ariel Skelley, 13; Lee White/Westlight, 13; Michael Kress-Russick, 16; David Miltz, 23; Paul Grebliunes, 28; Claude Steelman, 28; Index Stock, 29; Super Stock, 29; Sybil Bashor, 32; Lovable Bras, 40; Michael Baldwin, 44; Walt Barbo, 44; Japack/Westlight, 46; Bryan Wright, 47; Praco Museum, 48; Picture Perfect USA, 52; Frank Herholdt, 63; Index Stock, 70; Robert Heapes, 75; Dr. Nancy Style, 75; Povy Kendal Atchison, 75; Charles Fletcher, 77; Frances C. Mishler, 91; "Lips" Maher, 91; Wendy Shattill, 97; John Stone, 100; Merlin D. Tuttle/Bat Conservation Society, 101; Mac Hartshorn, 107.